L.

MON CHER CONFRÈRE,

Je viens de publier une relation du voyage de **MONSIEUR LE COMTE DE CHAMBORD** à Wiesbaden. Cette relation, qui obtient quelque succès à Paris, a besoin d'être connue en province, et je viens vous demander, dans l'intérêt de mes éditeurs, si vous pouvez annoncer *gratuitement* cet ouvrage dans votre journal; ou, à défaut d'une annonce, faire connaître son existence à vos lecteurs.

Si ce service, que je sollicite de votre bienveillance, peut m'être rendu par vous, je serai heureux de le devoir à vos sentiments de bonne confraternité et de sympathie politique.

Croyez d'avance, mon cher Confrère, à toute ma gratitude et à l'expression de mon dévouement.

THÉODORE ANNE.

Paris, le 4 octobre 1850.

MONSIEUR LE COMTE DE CHAMBORD à Wiesbaden (*Souvenirs d'août* 1850), par M. THÉODORE ANNE, ancien Garde-du-Corps du Roi, Compagnie de Noailles. Un volume in-18 de 216 pages (format Charpentier), avec une Lithographie sur chine, représentant l'hôtel Duringer à Wiesbaden. Prix : 2 fr. et 2 fr. 50 c. par la poste. Paris. Chez Ledoyen et Dentu, libraires, Palais-National, galerie d'Orléans.

Paris. Imp. H. Simon Dautreville et Cᵉ, rue Nᵉ-des-Bons-Enfants, 3.

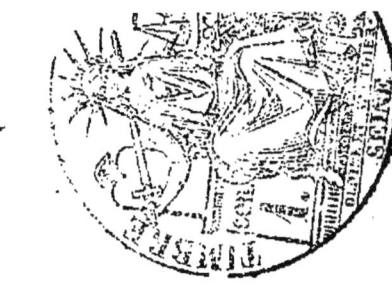

MONSIEUR LE COMTE DE CHAMBORD

A WIESBADEN.

IMPR. H. SIMON DAUTREVILLE ET Cᵉ, RUE NEUVE-DES-BONS-ENFANTS, 3.

Imp Lemercier, r. de Seine 57 Paris.

MONSIEUR
LE COMTE DE CHAMBORD
A WIESBADEN

(SOUVENIRS D'AOUT 1850).

PAR M. THÉODORE ANNE,

Ancien Garde-du-Corps du Roi, compagnie de Noailles.

AVEC UNE LITHOGRAPHIE REPRÉSENTANT L'HOTEL DURINGER A WIESBADEN.

3ᵉ ÉDITION

Augmentée d'un Appendice

et de la

Lettre de M. le comte de Chambord à M. Berryer.

PARIS.

CHEZ LEDOYEN, LIBRAIRE, | CHEZ DENTU, LIBRAIRE,
Palais-National, galerie d'Orléans. | Palais-National, galerie d'Orléans.

1851

INTRODUCTION.

M. Guizot a eu grandement raison de s'écrier un jour à la tribune :

« L'homme s'agite, et Dieu le mène ! »

Dieu, en effet, est dans tous les évènements qui nous ont assaillis, et sa main se montre à chaque instant.

Lorsqu'après seize années d'une prospérité sans exemple, la conspiration libérale, qui s'agitait fatalement dans l'ombre, éclata enfin au grand jour et renversa, par un coup hardi, un trône que l'on croyait à l'abri des orages, la conduite des serviteurs du roi Charles X fut ce qu'elle devait être, ce qu'on devait attendre des sentiments d'honneur et de fidélité qui les guidaient.

Les uns brisèrent leurs épées et quittèrent,

non sans douleur, mais avec résignation, l'état qu'ils avaient embrassé avec amour; les autres abandonnèrent leurs fonctions administratives ou judiciaires, descendant avec dignité des siéges qu'ils occupaient avec tant de noblesse et d'intégrité.

Le prince qu'ils servaient était frappé par la foudre : avec son éloignement si douloureux, leur mandat expirait. Hommes d'honneur, ils ne voulaient tromper personne; et quand une révolution élevait un trône nouveau sur les débris d'un trône renversé, leur probité ne pouvait les engager à promettre un concours, à prêter un serment contre lesquels leur conscience se soulevait.

Avec le roi Charles X et sa famille s'éloignaient à la fois et l'affection de ces serviteurs dévoués et les intérêts bien entendus de la France.

Une seule voie leur était ouverte pour servir le pays : c'était le parlement, c'étaient les fonctions municipales, les conseils généraux; fonctions gratuites, positions qui ne relevaient que de la France elle-même, du moment où le principe de souveraineté populaire était inscrit dans la Charte révisée par les Chambres et devenait la clé de voûte du nouvel édifice.

Mais jamais, pendant les dix-huit années qui s'écoulèrent, les royalistes ne démentirent leurs convictions. Représentés à la Chambre des députés par quelques hommes d'élite, et surtout par la voix la plus éloquente et la plus patriotique que ce siècle ait produite, par M. Berryer, ce fidèle serviteur qui porta si haut dans la mêlée le drapeau qui lui était confié; représentés à la Chambre des pairs par le noble marquis de Dreux-Brézé, cette autre gloire que la lutte a brisée si prématurément; par M. le duc de Fitz-James, ce défenseur brillant des droits historiques et des libertés nationales, et par M. le duc de Noailles, cet esprit si sérieux et si calme au milieu des orages, ils posèrent nettement les principes sur lesquels ils s'appuyaient ; et plus d'une fois la France, émue par les énergiques paroles tombées du haut de la tribune, reconnut avec joie la loyauté d'enfants dignes d'elle.

Nos adversaires, alors, affectaient de nous

railler. Ils tournaient en ridicule la fidélité que nous gardions au prince que nous avions aimé et servi, que nous aimions et que nous servions toujours. Ils nous appelaient les hommes d'un passé éteint ; et, dans ces combats où la presse eut sa large part d'épreuves, de souffrances et de sacrifices, où elle fut mutilée dans la personne de ses écrivains et ruinée dans ses intérêts particuliers, notre constance finit par triompher, en forçant du moins ceux qui nous combattaient à nous estimer.

Sur ce terrain nouveau, les royalistes montrèrent qu'ils n'étaient point les hommes d'un parti, mais les hommes de la France, et que, dignes successeurs de ceux qui avaient fondé par l'épée la grandeur du pays, ils ne vivaient, ils ne pensaient, ils ne s'agitaient que pour ajouter à cette vieille et éternelle grandeur les éléments de prospérité générale qui pouvaient assurer la fortune de la commune patrie.

Ils prenaient peu de souci des diatribes lancées contre eux. Le roi Charles X mourut, et ils montrèrent sans faste et sans ostentation une douleur sincère et profonde. Ils prirent le deuil d'un souverain, toujours adoré et si digne de leurs respects par l'esprit chevaleresque et national qui l'animait.

Plus tard, l'auguste fils de Charles X, le prince qui porta le nom de Louis XIX, mourut à son tour, et le même deuil fut porté, et la même douleur fut manifestée.

Quelques mois avant ce funeste évènement, M. le duc de Bordeaux avait paru à Londres. Accueilli, comme l'a dit M. le comte de Montbel, « non par le gouvernement britannique, mais par tout ce que l'Écosse et l'Angleterre renferment de cœurs élevés, d'intelligences éclairées, dans les rangs de la haute aristocratie comme dans ceux de l'activité commerciale et industrielle », il avait été rejoint par un grand nombre de Français, désireux de lui offrir leurs hommages et de lui parler de leur fidélité.

Un grand politique de l'époque porta alors ce jugement sur le jeune prince : — « Sa conduite personnelle est parfaite dans toutes les circonstances ; sa réserve, sa prudence, son aplomb, son esprit dans une position si délicate, obtiennent l'assentiment général. Il a toujours parlé à propos et agi avec discernement ; il n'a dit que ce qu'il voulait dire, et comme il fallait le dire! » — Ces paroles si sensées, cette justice rendue à la haute intelligence du prince, ne conjurèrent pas la haine et la colère de ses ennemis. La tribune retentit de leurs plaintes, et un vote *flétrit* les députés coupables d'être allés mettre leurs respects aux pieds du dernier rejeton de la famille qui avait versé tant de gloire sur la France.

Le pays en jugea autrement, et une réélection unanime fit rentrer en triomphateurs dans la Chambre, ceux qu'on avait voulu en écarter comme indignes.

En 1841, alors qu'à Paris on célébrait l'anniversaire des évènements de 1830, un épouvantable accident vint terrifier l'auguste famille des Bourbons et retentit avec effroi au cœur de tous les royalistes : Mgr le duc de Bordeaux fit une chute de cheval et courut danger de la vie. Mais Dieu veillait sur lui, et son heureux rétablissement nous rendit la joie et la confiance. Dieu ne pouvait nous déshériter de l'avenir qui attendait ce noble et généreux prince.

Nous obéissons à un principe immuable, fondé sur les lois de la nature, sur les lois qui régissent le monde et qui le régiront tant qu'il existera.

On nous dit que nous sommes attachés à un homme, que nous sacrifions tout à un homme. On se trompe : nous sommes attachés à un principe.

Les gens qui repoussent l'hérédité de la couronne, qui ne la comprennent pas, qui s'indignent que l'on veuille lier à jamais le sort et la volonté du pays, au sort et à la volonté d'une famille, ceux-là entendent cependant que l'hérédité existe pour eux et les leurs. Ils ne veulent pas qu'on les dépouille des biens que leurs pères ou eux-mêmes ont amassés, et ils entendent les léguer à leurs fils. Toucher à la loi d'hérédité, cette loi si juste et si naturelle, c'est, disent-ils, marcher à la dissolution de la société, et ils ne peuvent comprendre que briser un anneau de la chaîne, et l'anneau le plus important, c'est briser la chaîne elle-même.

L'étymologie du mot *roi*, indique suffisamment la nature des fonctions qui lui sont dévolues. Roi, en latin *rex*, vient de *regere*, gouverner, conduire, administrer. Le roi, c'est le gouverneur, le conducteur, l'administrateur du pays.

La Royauté n'est que l'autorité paternelle transportée dans l'État. De même que l'on obéit à son père, on obéit au roi; de même que l'on aime son père, on aime le roi.

Partout il faut une autorité. La société, comme la famille, a besoin d'un chef, d'un tuteur. Elle ne peut se gouverner par elle-même, ou ce serait la Tour de Babel. Il faut au-dessus d'elle, à sa tête, un homme qui imprime l'unité autour de lui, et qui prenne l'initiative des grandes choses.

Le premier qui fut roi, fut le premier homme, dès qu'il eut des fils, et il régna sur eux comme sur leurs enfants, c'est-à-dire qu'il veilla à leurs intérêts, et les courba, pour leur bien, sous une loi dont ils comprirent la nécessité.

Chose étrange ! les hommes qui repoussent

le bienfait de la Royauté, veulent l'autorité pour eux. Ils crient au despotisme quand ils sont sujets, et sont les maîtres les plus insolents, les plus absolus, quand ils ont conquis le pouvoir par la ruse ou par la force. Ils prennent des airs de grands seigneurs pour cacher l'humilité de leur origine ; ils accusent de dilapidations ceux qu'ils veulent renverser, et, après la victoire, ils sont les plus audacieux dilapidateurs qu'on puisse imaginer. Ils ne connaissent plus de lois, plus de règles, plus de frein : ils jettent au vent la fortune publique, ils entassent illégalités sur illégalités, et ils s'étonnent que le pays qu'ils ont pressuré, anéanti, ruiné, compromis dans ses intérêts comme dans sa gloire, repousse comme funeste ce que, dans leur audace, ils regardent comme d'innombrables bienfaits. Ils accusaient leurs adversaires d'être saisis de l'esprit de vertige et d'erreur, et quand, à leur tour, éblouis par leur fortune inconcevable, arrivés au faîte par la surprise, ils entassent les ruines autour d'eux, ils se disent rénovateurs, quand ils ne sont que destructeurs.

Les uns ne veulent pas de rois, mais ils veulent être rois eux-mêmes : les autres veulent bien un roi, mais à la condition de le changer quand cela leur conviendra. Ils ne comprennent pas que le bienfait de l'hérédité est une garantie contre les terribles secousses qui sont la ruine des peuples.

Si vous n'avez pas de roi, vous aurez toujours un chef. Vous l'appellerez président, dictateur, consul; mais, quel que soit le titre, vous lui donnerez l'autorité suprême. Vous l'élirez pour un laps de temps convenu, ou vous le choisirez pour la durée de sa vie; mais le jour où son pouvoir finira, vous retomberez dans le désordre, dans la confusion, dans les luttes que les ambitions se livreront entre elles, et, ce jour-là, vous serez sur la pente d'une nouvelle catastrophe, vous serez sur le bord d'un abîme. Il en sera de même à la mort de ce chef. Ce ne sont partout que périls incessants.

Si, ayant un roi, vous vous réservez le droit de le changer à votre guise, vous rouvrez encore la carrière des révolutions. Celui que vous aurez choisi, au détriment du monarque précédent, ne sera plus qu'un chef temporaire, soumis aux caprices de la multitude; car, n'ayant pas respecté le droit de son prédécesseur, il aura toujours à craindre autour de lui, l'ambition de quelque parent avide de recueillir prématurément sa succession. Un complot lui aura donné la puissance : un autre complot pourra la lui enlever.

C'est parce que nous avons pesé ces difficultés, c'est parce que nous sommes avertis par les enseignements de l'histoire, c'est parce que nous voulons pour la France, gloire, grandeur et prospérité, que nous sommes à la fois, par devoir et par conviction, les partisans de la forme monarchique, et les serviteurs respectueux et dévoués du prince qui représente et personnifie en lui le principe royal.

La lutte de février 1848 ne nous regardait pas. En dehors des affaires, nous n'avions pas à nous mêler de la collision qui s'établissait entre le temps d'arrêt marqué en 1830, et la révolution qui, comprimée à son origine, mais non détruite, essayait de remonter à la surface.

La république a été proclamée par les hommes de l'Hôtel-de-Ville, mais leur programme contenait une clause qu'ils ont rayée dès le lendemain. Ils devaient consulter le peuple, réuni en assemblées primaires, sur la forme de gouvernement à donner à la France, et ils ne l'ont pas fait. Ainsi tombent les reproches adressés antérieurement par ces mêmes hommes, aux gouvernements qu'ils accusaient d'être illégaux, parce qu'ils n'avaient point tenté une épreuve devant laquelle, vainqueurs à leur tour, ils reculaient de leur plein gré.

Les royalistes n'ont fait aucune opposition à la république naissante. Ils la préféraient au gouvernement qui tombait, car elle leur rendait la vie, le mouvement, elle les faisait rentrer dans la lice d'où ils étaient sortis volontairement : ils pouvaient, ils devaient revenir pour défendre leur dogme. Certains que l'épreuve tentée ne pouvait aboutir à un résultat favorable, certains que la France ne s'accommoderait pas d'un état transitoire, mais qu'elle voudrait rentrer dans des conditions d'ordre et de stabilité, ils ont laissé l'épreuve se faire, et la conclusion qu'ils avaient tirée des évènements s'est produite d'elle-même.

Aujourd'hui, tout le monde s'interroge, tout le monde se demande quelle sera la solution du problème posé le 24 février 1848. Déjà l'élection de M. Louis-Napoléon a été significative. Ceux qui l'ont nommé n'ont pas été unanimes dans la pensée qui les a guidés. Les uns l'ont choisi en souvenir de son oncle, et n'ont vu en lui, malgré les folles équipées de Strasbourg et de Boulogne, que le nom glorieux qu'il portait. Les autres, et c'est l'immense majorité, l'ont nommé pour protester contre ce qui s'était fait à l'Hôtel-de-Ville. Il ne faut pas parler aussi haut qu'on veut bien le faire, des six millions de voix données à l'élu du 10 décembre. Aujourd'hui, il serait remis aux chances d'une nouvelle élection, que cette majorité se changerait en minorité.

A part les partisans de la république, qui sont en petit nombre, trois opinions divisent la France :

Il y a les partisans de M. Louis-Napoléon,

qui voudraient faire de leur chef un président à vie, pour le transformer bientôt en empereur ;

Les partisans de M. le comte de Paris, qui s'appuient sur l'abdication de Louis-Philippe, et voudraient restaurer, dans la personne de ce jeune prince, le principe révolutionnaire de 1830 ;

Et enfin les serviteurs de M. le comte de Chambord, qui, imbus des traditions du passé et de la grandeur de la France, ne voient de salut pour le pays et de solution pour la crise actuelle, que dans le retour de l'auguste petit-fils de Charles X.

Examinons succinctement et brièvement ces trois phases, nous arriverons ainsi naturellement à la conclusion qui nous préoccupe et au voyage dont nous avons entrepris de rendre compte. On pourra critiquer nos vues, mais nous espérons qu'on reconnaîtra du moins notre bonne foi et notre loyauté.

Proroger les pouvoirs du président, le faire président à vie, ou même le nommer empereur, aucune de ces trois pensées ne résoudrait la question pendante.

Ajouter quatre, six ou dix ans aux termes de son mandat actuel, ce ne serait pas lui donner un brevet de longévité; nul n'est à l'abri d'une maladie subite ou d'un de ces accidents inattendus qui tranchent la vie des hommes au moment où l'on s'y attend le moins; et alors que ferait-on? On aurait vécu au jour le jour, on aurait reculé le moment de résoudre la difficulté; mais cette difficulté ne serait point vaincue, et on se retrouverait en face de la crise qu'on n'aurait pas osé aborder de front.

Pour la présidence à vie, le même embarras existe. Quand tout se concentre sur la tête d'un homme, cet homme venant à manquer, tout manque, et l'on s'aperçoit trop tard de la faute que l'on a commise en bâtissant sur le sable.

Mais, dit-on, la présidence à vie serait, comme le consulat à vie d'une autre époque, un acheminement à l'empire!

Cela est beau en théorie, mais en pratique cela est plus difficile. Nous savons bien qu'en ce moment on nous dit que les monarchies sont finies et que *l'ère des Césars* commence.

Mais l'écrivain qui émet cette idée n'a malheureusement aucune autorité pour la faire triompher. Serviteur de toutes les opinions, il a passé sa vie à changer de camp, allant toujours à celui que la fortune du moment protégeait. Vouloir nous ramener aux Césars est une idée folle et bouffonne, qui cache une pensée d'adulation, mais qui manque de sens. Il n'y a aucun rapprochement à faire entre l'histoire ancienne et l'histoire moderne, entre la Rome païenne et la France chrétienne. Aujourd'hui, les peuples réfléchissent, les soldats ne sont pas à acheter; notre armée ne connaît que l'honneur, et ce n'est pas elle qui nous donnerait un César. A-t-on bien réfléchi que le successeur d'Auguste fut Tibère, qu'après Tibère vint Claude, et après Claude, Néron? De pareils noms ne sont pas assez encourageants pour qu'on essaie de remonter la chaîne des temps!

Si l'on faisait, ou si l'on voulait faire M. Louis-Napoléon empereur, sur quoi s'appuierait-on? Sur la Constitution de 1804? Mais que de choses Napoléon a dû accomplir avant d'arriver à ce trône que l'on convoite pour son neveu !

Il lui a fallu la chance du 13 vendémiaire et les mitraillades de Saint-Roch ; il a fallu qu'à la suite de cette journée il obtînt les bonnes grâces de Barras; qu'il conquît l'Italie, l'Égypte, et qu'il revînt juste au moment où la défaite remplaçait la victoire, où nos frontières allaient être envahies, où le trésor était à sec, la rente à huit francs, le désordre partout ! Il a fallu encore qu'il trouvât Siéyès pour le remettre à cheval sur le pont de Saint-Cloud, et Lucien pour haranguer les troupes et pour faire chasser, par les baïonnettes, le conseil des Cinq-Cents, qui avait mis le futur dictateur hors la loi ! Seul, il échouait ; car cet homme, si brave et si calme sur le champ de bataille, avait été terrifié par l'idée de la proscription !

Mais il triomphe, et le voilà consul ! Il restaure le crédit, il ramène dans le trésor épuisé les ressources perdues avant lui, il donne la paix par la victoire de Marengo, il traite un moment avec l'Angleterre, il ramène un instant la Russie à lui, il rappelle ceux que la fureur des révolutions avait éloignés, il rouvre les églises, il fait succéder l'ordre au désordre; et la France, fatiguée de l'anarchie qu'elle subit depuis douze ans, se jette dans les bras de la gloire pour échapper aux horreurs qui l'ont épouvantée! Pourquoi faut-il qu'il y ait une tache de sang dans cette grande page de l'histoire!

Mais, une fois empereur et porté au trône par la victoire, Napoléon se prend d'une folle idée. Il lui faut des trônes pour ses frères, et il les fait rois, sans s'inquiéter de savoir si, pour ces hautes dignités, ils ont les facultés nécessaires. Il chasse les vieilles dynasties et en crée de nouvelles. Il sème les bienfaits et ne récolte que l'ingratitude. Louis abdique et lui laisse le fardeau de la Hollande. Au jour des revers, Murat l'abandonne, le trahit; Joseph essaie de traiter à son tour avec l'Angleterre, pour sauver quelques lambeaux de la couronne d'Espagne, et, dans les plaines de Leipsick, Napoléon trouve contre lui Moreau qu'il a persécuté et Bernadotte qu'il a fait roi.

Tandis qu'il était engagé au fond de la Russie, un général sort de sa prison, revêt son uniforme, se présente aux troupes, aux autorités, leur dit que l'empereur est mort sous les murs de Moscou, que le sénat a nommé un gouvernement provisoire, et que les membres de cette commission décrèteront la forme qui régira désormais la France. On l'écoute, on le croit, et il est au moment de réussir. Il y a derrière Napoléon, son fils, le roi de Rome; il y a Joseph et Louis, ses frères; il y a les fils de ses frères : l'hérédité est inscrite dans la loi, mais elle n'est point dans les cœurs. L'Empire, c'est Napoléon; lui venant à manquer, tout manque. La solidarité s'efface et ne laisse voir que l'individualité.

Il sent si bien le vide qui se fait autour de lui, qu'à son retour, il tonne, il tempête, il éclate, il répète le cri de la vieille monarchie : *L'empereur est mort, vive l'empereur!* Ce cri n'a pas d'écho, et, en 1814, dans les plaines de la Champagne, alors que Napoléon luttait avec l'énergie la plus incroyable contre l'Europe coalisée, il résout le problème par ce mot que lui arrache le désespoir : « Ah! si j'étais seulement mon petit-fils, je m'en tirerais ! »

Et quand il a fallu tant de combats, tant de victoires, tant de génie, pour arriver à une puissance éphémère, on croit que la même route mènerait au même but un homme qui n'a rien fait, et en faveur duquel on invoque des souvenirs qui l'écrasent ! C'est de la folie, et rien de plus.

Fût-il empereur, M. Louis-Napoléon aurait à l'instant contre lui les républicains, les royalistes et les partisans de la maison d'Orléans. Il n'est pas de force à substituer le despotisme à la liberté; il a le nom, mais il n'a pas la main de fer de son oncle; il n'a pas à lui une armée fascinée par le prestige de la grandeur et de la gloire; il ne peut pas, comme Napoléon, lui montrer l'Europe à conquérir, et lui dire : « Je vous conduirai comme mon oncle a conduit vos pères. » Il devrait gouverner selon les formes modernes, et il serait bientôt emporté par un ouragan, qui ramènerait la France au point où il l'aurait prise. Et qui sait si, au milieu d'une effervescence générale, notre position ne serait pas encore plus critique?

Donc, de ce côté, point de salut pour cette malheureuse nation qui, depuis soixante ans, s'agite et s'épuise sans résultat.

La seconde idée, c'est de restaurer la monarchie de 1830, c'est de ramener M. le comte de Paris. Le passé est encore là pour nous instruire. En 1830, la couronne, arrachée de la tête du roi Charles X, a été donnée à M. le duc d'Orléans par les Chambres. On a voulu faire une sorte de révolution pareille à celle de 1688 en Angleterre, et rapprocher l'hérédité autant que possible. En mettant de côté le jeune prince à qui deux rois, dans leur héroïque abnégation, faisaient place, on a pris Louis-Philippe, qui ne venait qu'en troisième ligne, et la querelle s'est établie sur un mot. Les uns l'ont nommé, parce qu'il était Bourbon; les autres l'ont choisi, quoiqu'il fût Bourbon; et, pour tromper le peuple, agité par un faux délire, un journal a été jusqu'à dire que le nouvel élu était un Valois. Pendant dix-huit ans, Louis-Philippe a conduit les affaires, louvoyant au milieu des partis qui le combattaient. Il s'est flatté de fonder une dynastie durable, et, pour rendre l'avenir plus certain, il a entouré Paris d'une ceinture de forts et d'une enceinte qu'il regardait comme un moyen de salut. Il pensait ainsi maîtriser facilement l'esprit de révolte, et, quand on lui parlait de dangers, il s'endormait tranquillement, en disant : » Que mettraient-ils à ma place ? ils n'ont personne ! »

La situation devenant plus grave, il appela à Paris une armée de 35,000 hommes, il massa de nouvelles forces autour de la capitale, il approvisionna les casernes de munitions de bouche, de munitions de guerre. Il ne voulait pas être pris au dépourvu, comme la Restauration le fut en 1830 ; il pressentait une collision, tandis que le roi Charles X ne croyait qu'à une émeute ; et cette collision, il espérait l'arrêter par le déploiement de préparatifs formidables. Les soldats avaient des cartouches, les pièces étaient suivies de caissons nombreux ; il y avait des haches et des pioches pour enfoncer les maisons, des pétards pour faire sauter les portes : rien ne manquait, que la volonté éternelle qui conduit les hommes au but qu'elle a marqué d'avance. Au moment décisif, le bras de Dieu se retira, parce que l'heure était arrivée, et la monarchie de 1830 tomba sans se défendre, sans autre sang répandu que celui de quelques braves soldats, martyrs de l'honneur et de la foi du serment. Vainement Louis-Philippe essaya-t-il de sauver l'avenir de sa famille par une abdication tardive ; il vint se briser, en transportant la régence de M. le duc de Nemours à Mme la duchesse d'Orléans, contre la loi qu'il avait fait rendre en 1842. Vainement Mme la duchesse d'Orléans essaya-t-elle de faire triompher ses espérances, en se rendant à la Chambre des députés ; on connaît le résultat de cette tentative, on sait les scènes qui eurent lieu et les dangers que coururent les princes de la maison d'Orléans dans ce moment critique.

L'œuvre de Louis-Philippe, comme celle de Napoléon, fut une œuvre personnelle. Ne pouvant s'appuyer sur les traditions du passé, ayant rompu violemment avec le droit, qui pouvait le protéger plus tard, ne ralliant à lui ni les républicains, qui ne renonçaient point à leurs espérances, ni les royalistes, enchaînés par leurs convictions, par l'honneur et par l'amour au principe monarchique, il devait tomber, et il tomba. Sans doute, pendant dix-huit ans, il groupa des intérêts autour de lui, mais c'étaient les intérêts matériels, et ces étais ne sont pas de ceux qui soutiennent les trônes. Son habileté le soutint, jusqu'à ce que l'édifice, ébranlé par une dernière secousse, s'écroulât; mais il n'a laissé derrière lui, et il ne pouvait rien laisser de ce qui fait la force et la durée des empires. Un homme qui l'a servi, et dont la loyauté n'est pas suspecte, M. le duc de Broglie, a dit depuis la révolution de février :

« Née d'une insurrection, la royauté de juillet portait en elle un germe de mort qui devait la tuer tôt ou tard. » Aveu précieux qu'il faut recueillir, et dont ceux qui avaient songé à M. le comte de Paris doivent profiter. Sa royauté, si elle était possible, serait frappée du même germe, et, comme le grand-père, le petit-fils disparaîtrait dans une autre tempête.

Une régence est, ou une époque de troubles, comme du temps de la minorité de Louis IX, de Charles VIII, de Louis XIII, de Louis XIV, ou une époque de scandale, comme la minorité de Louis XV. Dans ces moments périlleux, il n'y eut pas de doute, de chicane sur le droit, et le droit ne périt pas : aujourd'hui, les mêmes phases, moins la force du droit, ne conjureraient pas les périls, et un autre 1848 suivrait prochainement le rétablissement d'un autre 1830.

Quand Louis-Philippe a succombé devant les oppositions qui le combattaient, et qui, sans s'unir, marchaient chacune de son côté, que ferait une régence impuissante contre les mêmes éléments de destruction?

La troisième hypothèse est celle du retour de M. le comte de Chambord. Il a d'abord ceci pour lui, que les républicains consciencieux ne comprennent que deux principes : le leur, qu'ils veulent avant tout; mais, celui-ci venant à manquer, ils confessent qu'il ne reste que le droit monarchique dans sa pureté, c'est-à-dire dans sa descendance légitime et directe. Ils ne veulent rien de bâtard entre ces deux principes, rien qui procède indirectement de ces deux systèmes, sans en remplir nettement toutes les conditions. Cet aveu tend encore à rendre plus franche la position de M. le comte de Chambord.

Il a pour lui les traditions du passé, la gloire de sa famille. M. de Châteaubriand l'a dit avec ce tact et cette justesse qui le caractérisaient quand il envisageait l'histoire :

« Les Bourbons mouraient depuis longtemps pour la France, avant que la France ne mourût pour eux ! »

Il n'est pas de famille plus grande ni plus glorieuse. Elle est arrivée au trône par le droit de succession, et, quoique persécuté par Henri III, Henry IV fut le plus noble soutien de cette couronne, que les Guises cherchaient à usurper. Quand la révolte menaçait le dernier des Valois, le roi de Navarre était dans son camp, unissant ses forces à celles du prince qui marchait avant lui. Roi à son tour, et roi de France, il s'attira l'amour de son peuple par sa bonté et sa clémence. Il rallia tous les partis, et l'on voyait chevaucher aux portières de son carrosse, et le soldat qui l'avait blessé, et le soldat qui l'avait servi.

M. le comte de Chambord a les mêmes sentiments. Étranger par son âge aux évènements qui se sont succédé, ne voulant connaître de la France que son passé glorieux, de la vie des hommes que les services rendus au pays dont il est fier d'être le premier et le plus glorieux enfant, il donne des gages à tous les partis. Sa sagesse et sa haute intelligence lui ont fait comprendre qu'appelé à être le pacificateur de notre temps, la branche d'olivier qui doit tout réunir, il appellerait autour de lui tout ce qui a servi, tout ce qui peut dignement servir la France. Il ne serait pas le roi d'un parti, il serait le roi de cette nation pour le bonheur et le salut de laquelle Dieu l'a créé.

Ceux qui l'aiment, ceux qui lui sont dévoués, ont à leur tête ou à leurs côtés les fils des hommes qui ont aidé nos anciens rois à faire de la France la première des nations. On crie contre la noblesse quand on n'est pas noble, et l'on est fier d'entrer dans ses rangs quand on peut y parvenir. La noblesse s'est fondée par l'épée et s'est continuée par l'honneur. On ne peut faire un pas en France, sans retrouver à chaque instant quelques traces du sang répandu par elle. C'est elle qui a délivré la France envahie par l'Angleterre; c'est elle qui a fait ce royaume si grand et si compact. Elle a usé son sang et sa fortune à couvrir de gloire le grand siècle de Louis XIV, et quand on lui reproche les distinctions qu'elle a obtenues, on devrait songer qu'il n'y a pas bien long-temps qu'on recherchait avec empressement les titres et les honneurs que Napoléon créait. Les hommes seront toujours les mêmes, envieux de ce qu'ils n'ont pas et désireux d'acquérir ce qu'ils envient. La noblesse, toujours grande sur le champ de bataille aux jours de notre gloire, comme sur l'échafaud au temps de nos tristes et sanglantes discordes, s'est honorée, dans ces derniers temps, par sa fidélité traditionnelle A ceux qui l'accusent de fierté, de dédain pour les hommes que Dieu a fait naître, comme celui qui écrit ces lignes, dans une condition obscure, il suffit de rappeler qu'à Wiesbaden, tous les rangs, confondus dans les mêmes salons auprès de M. le comte de Chambord, ont prouvé que ceux qui sont nobles mettent la première distinction dans l'expression de l'amour dû au prince, qui mérite tout le dévouement dont on l'entoure.

L'hérédité est une garantie contre les secousses, contre l'anarchie. Un pays ne tremble plus quand sa sûreté ne dépend pas de la vie d'un homme; quand, derrière cet homme, il y a son successeur naturel, prêt à prendre et à saisir le pouvoir. Quel profit la France a-t-elle recueilli de toutes les secousses qui se sont succédé depuis soixante ans? Pas d'autre que la ruine et la misère. A peine les fortunes se fondaient-elles, qu'une tempête les emportait. 1830 et 1848 ne se formulent que par une longue suite de désastres, et la France, haletante et épuisée, aspire à rentrer dans des conditions normales d'ordre et de stabilité.

Élevé à l'école de l'adversité, parfaitement au courant des nécessités du temps et du caractère des hommes, ayant un cœur aussi bon que son esprit est noble et élevé, formé par des hommes sages, ayant à la fois les traditions du passé et l'élévation de tous les princes de sa famille, bienfaisant et charitable, portant à l'excès l'amour de cette France, qui ne le connaît pas, et qui l'adorera dès qu'elle le connaîtra, résumant en lui huit cents ans de gloire, de grandeur et de prospérité, M. le comte de Chambord est la seule solution de la situation.

Il ne peut se laisser mettre aux voix. Comme il l'a dit si spirituellement : « Il n'est pas pour l'appel au peuple, mais pour l'appel du peuple. » Il existe par le droit qui le personnifie, et son retour serait la reconnaissance de ce droit, qui fait de lui le père, le chef de la grande famille française.

La chute de Charles X a ébranlé le monde. La chute de Louis-Philippe n'a été que la conséquence du mouvement de 1830. Une nouvelle révolution n'a point éclaté en 1848 : l'esprit de 1830 a repris sa marche un instant interrompue. On ne déplace pas un principe salutaire, sans que la société ne se ressente cruellement de la secousse.

M. le comte de Chambord n'inspire aucune crainte et est une garantie pour tout le monde. Son heureux retour nous rendrait la confiance et la sécurité. Derrière lui, les intérêts rassurés et l'activité commerciale reprendraient leur essor, et la France, réunie en un seul faisceau, retrouverait sa grandeur d'autrefois.

M. le comte de Chambord ne prendrait la place de personne. Il reprendrait la sienne, et avec lui rentreraient naturellement les princes de la maison d'Orléans, éloignés aussi par nos convulsions civiles, et replacés dans la condition normale qui, en leur assurant un présent tranquille, leur laisserait l'espoir d'un avenir que la force du droit garantirait contre toute chance malheureuse.

Il n'y aurait plus de royalistes de telles ou telles nuances, il n'y aurait qu'un seul peuple, uni dans un même sentiment d'amour et de loyauté, lié en faisceau par le même intérêt, par le même désir de conjurer les jours néfastes, et fortement instruit par les leçons du passé.

Si quelques esprits timorés craignaient une arrière-pensée dans l'âme du prince, qui brille par sa droiture, sa bonté et sa franchise, s'ils pensaient que la ligne qu'ils ont suivie pourrait les faire mettre à l'écart, s'ils présumaient, enfin, que M. le comte de Chambord ne pourrait se débarrasser d'une sorte de répulsion ou de défiance à leur égard, et que dans son âme il y a quelque souvenir d'un passé qu'il ne connaît pas, qu'il ne veut pas connaître, deux faits qui ont eu lieu à Wiesbaden les éclaireraient à cet égard. L'un est l'accueil qui a été fait à M. de Salvandy; l'autre est le service ordonné par lui, quand il a reçu la nouvelle de la mort de Louis-Philippe.

La bienveillance avec laquelle M. le comte de Chambord a reçu un ancien ministre du gouvernement de juillet, prouve que dans son esprit, du moment qu'on vient à lui, il ne connaît, comme Henry IV, ni royalistes de la veille, ni royalistes du lendemain. Tous les dévouements, quand ils sont sincères, datent pour lui du même jour, de la même heure, de la même minute.

C'était quelque chose de touchant, que de voir le petit-fils du roi Charles X agenouillé aux pieds de l'autel, et priant avec recueillement pour le repos de l'âme du prince, dans lequel il ne voyait qu'un proche parent.

Dans ces deux faits, qui se sont passés à cinq jours l'un de l'autre, il y a, pour bien des intérêts en France, la première et la plus forte garantie d'un généreux esprit de clémence et d'oubli.

Quant au retour des princes de la maison d'Orléans, il se fera; car ces princes comprennent leur situation. M. le comte de Chambord ne peut que les attendre, et ce que le chef de la maison de Bourbon a fait pour la mémoire du père, atteste encore la franchise de la conduite qu'il est prêt à tenir vis-à-vis des fils.

Nous avons dit ce que nous croyons être juste en ce qui concerne le droit du prince au service duquel tout ce que nous avons de dévouement, de force et de jours, est voué à jamais. Nous allons essayer de le montrer tel qu'il a été à Wiesbaden, et nous ne regrettons qu'une chose, c'est que l'insuffisance du peintre ne puisse s'élever à la hauteur du modèle.

Nous parlerons sans crainte, et surtout sans flatterie. La flatterie ne réussit pas auprès de M. le comte de Chambord, et son âme élevée n'aime que la vérité. Cette vérité, nous la dirons à ceux qui n'ont pu voir le prince, et nous tâcherons de faire connaître cette nature d'élite, ouverte à tous les sentiments glorieux, heureux si cet ouvrage était le précurseur d'un retour que nous appelons de tous nos vœux.

MONSIEUR LE COMTE DE CHAMBORD

A WIESBADEN.

En 1849, M. le comte et Madame la comtesse de Chambord vinrent à Ems, et un grand nombre de Français se rendirent auprès d'eux, empressés de leur offrir l'hommage de leur respect et de leur dévouement. Le temps, qui passe et vieillit les hommes, n'attiédit pas la foi, et celle que la raison et le prestige de la royauté ont mise dans les cœurs, survit à toutes les convulsions politiques. Le principe monarchique, basé sur la loi sociale, l'hérédité, peut s'éclipser un instant sous la persécution des hommes; mais il ne meurt pas et il reparaît après la tempête, plus éclatant et plus vivace que jamais. Les révolutions peuvent momentanément faire dévier la société de sa route ordinaire; elles ne peuvent l'emporter au-delà du cercle où elle est condamnée à revenir, condamnée par son intérêt bien entendu et le soin de sa propre conservation.

Ce voyage de 1849 avait commencé à mettre M. le comte de Chambord en rapport avec ses partisans, avec ses respectueux serviteurs, et il était nécessaire, cette année, qu'une nouvelle communication eût lieu. En effet, chacun avait interprété à sa manière les paroles du prince. De là des lignes divergentes qui semaient la division dans ce grand parti royaliste, qui ne peut être fort qu'à la condition d'être uni, qui ne peut triompher qu'à la condition d'être soumis et obéissant aux hommes qu'en son absence M. le comte de Chambord a investis de sa confiance. Nous sommes en temps de guerre morale ; c'est-à-dire que nous avons à lutter contre les gens qui veulent démoraliser la société, qui, comme leurs devanciers de 1793, veulent ruiner la France à leur profit, et dépouiller ceux qui ont pour enrichir ceux qui n'ont pas. Pour pervertir le peuple et le conduire à de sanglants excès, ces hommes, qui maudissent la société et la présentent comme remplie de gens qui exploitent le pauvre, prêchent la chose la plus facile à comprendre, la haine du riche.

Il y a soixante ans, cette prédication eut un grand succès. C'était tout simple : ceux qui possédaient étaient en petit nombre. On se rua sur eux, et ceux qu'on ne massacra pas furent obligés de fuir. La République, alors, voua les malheureux émigrés à l'anathème ; elle déclara indignes enfants de la patrie ceux qui ne combattaient que les assassins ; elle déclara coupables les hommes qui portaient les armes contre un gouvernement sanguinaire ; et les fils de ces fiers républicains ont, en 1849, glorifié les Français qui, à Rome, tiraient sur nos braves soldats venus pour restaurer le pontificat abattu par quelques misérables. Déjà, en 1823, ces mêmes hommes avaient eu des louanges pour le bataillon étranger à l'Espagne, et qui, formé de Français sur les rives de la Bidassoa, tirait aussi sur notre armée, essayant inutilement de la faire transiger avec les lois de l'honneur et du serment. Etrange anomalie, qui fait que les mêmes hommes ont un langage différent, selon les circonstances qui les frappent ou les servent !

On a voulu donner à la révolution de 1848, qui n'est que la suite de celle de 1830, une physionomie particulière ; on a voulu en faire une révolution sociale. On a dit qu'il était temps de mettre un terme à l'exploitation de l'homme par l'homme. C'était tout simplement une absurdité. Tant que le monde existera, il y aura des hommes qui seront au-dessus des autres hommes. S'ils ne sont pas privilégiés par la naissance ou la richesse, ils seront supérieurs par l'intelligence, et la société obéira toujours au plus fort ou au plus adroit. Il y aura toujours des pauvres ; c'est le Christ qui l'a dit, et c'est pour cela qu'il a prêché la charité. Dieu n'a pas départi des facultés égales à tous les hommes, et sa sagesse a fait naître les uns pour commander, les autres pour obéir. Il a institué l'autorité paternelle, et de là découlent toutes les autres autorités. Supposez un instant le rêve posé par les communistes réalisé ; supposez un partage égal de toutes les ressources que possède la France : deux heures après, vous aurez des riches et des pauvres ; car vous n'enchaînerez pas les passions, vous n'empêcherez pas les hommes d'être paresseux, joueurs, ivrognes, luxurieux ; et ces vices, exploités par les plus habiles, les plus économes, remettront la richesse aux mains de quelques-uns, au détriment du plus grand nombre.

Qu'a produit la Révolution de 1793 ? Ses sectaires les plus fidèles ont osé attenter aux jours du meilleur des rois, d'un prince qui, comme tous ceux de sa maison, portait à l'excès l'amour de la France et ne vivait que pour elle ; qui, restaurateur de notre marine, équipait des flottes considérables qui luttaient contre l'orgueil de l'Angleterre et vengeaient les affronts faits à notre pavillon sous le règne précédent. Après avoir immolé ce prince auguste et saint, ils abolissaient les titres, les décorations, les priviléges, Dieu lui-même, et ils décrétaient l'éternité de la République une et indivisible. A cette triste époque, la devise publique était : Liberté, égalité, fraternité, ou la mort ; mais, comme l'a dit spirituellement, depuis, M. le comte de Montlosier, ce qu'il y avait de plus sûr, c'était la mort.

Eh bien! onze ans à peine s'étaient écoulés, que ces farouches républicains, qui avaient voté l'abolition de la royauté, rétablissaient un empire. Ils avaient voué à l'anathème le titre de roi, et ils faisaient un empereur; ils avaient nié Dieu, et ils se prosternaient devant lui; ils avaient raillé les courtisans qui s'inclinaient devant la royauté que leurs pères avaient servie, et ils s'agenouillaient devant le nouveau souverain qu'ils venaient de porter sur le pavois; ils avaient aboli les titres, et ils se faisaient faire princes, ducs, comtes ou barons; ils avaient appelé le mépris sur les qualifications, et ils voulaient qu'on les appelât Monseigneur, Altesse ou Excellence; ils avaient aboli les ordres royaux, et, non contents de charger leurs poitrines des insignes de la Légion-d'Honneur, ils briguaient auprès des souverains, les décorations étrangères; ils avaient reproché à leurs devanciers d'exiger le respect pour eux, et ils voulaient être des demi-dieux; enfin, hommes de révolution, ils avaient les révolutions en horreur. Pourquoi? Parce qu'ils étaient arrivés à leur tour, et qu'après s'être élevés, ils ne voulaient pas descendre.

Que cet exemple du passé soit un enseignement pour le présent! Déjà la génération actuelle a eu sa leçon en 1848! La nouvelle République, le lendemain de son installation, a décrété l'abolition des titres, et ce décret était à peine rendu par elle, qu'elle avait ses marquis, dont le bon sens public faisait justice.

Les royalistes sont comme la France. Ils ont soif d'autorité, et ils désiraient savoir où M. le comte de Chambord irait cette année, pour lui demander de leur tracer une ligne unique et définitive.

Au mois de juin, on ne connaissait pas encore la décision de M. le comte de Chambord. Des lettres de Frohsdorff, émanées d'un personnage digne de l'estime de tous par ses services, sa capacité et sa position, annonçaient qu'après le 15 juillet, jour de la Saint-Henry, Monseigneur irait à des eaux thermales en Allemagne; mais le lieu n'était point désigné. Enfin, l'indécision cessa, et l'on apprit que le chef de la maison de Bourbon avait choisi Wiesbaden pour point de réunion.

Alors les pèlerinages s'organisèrent, et de tous les points de la France on se mit en marche pour la ville où devait se rendre M. le comte de Chambord. Les plus heureux arrivèrent les premiers à Cologne, point central de réunion, d'où l'on devait se rendre à Wiesbaden, et où l'on attendit le Prince.

Frohsdorff, d'où partit M. le comte de Chambord, et qu'il habite, est un château qui appartient à l'auguste fille de Louis XVI, madame la comtesse de Marnes, et qui est situé sur la frontière de la Hongrie. Trois quarts de lieue ou une lieue au plus le séparent de Newstadt, petite ville de la Basse-Autriche, et qui n'est distante de Vienne que de six lieues. A Frohsdorff, on ne connaît plus la misère depuis que madame la comtesse de Marnes est propriétaire de ce domaine et des villages qui l'entourent. Partout où se trouve la fille du roi-martyr, elle sème le bonheur autour d'elle. La bienfaisance et l'esprit de charité sont les défauts des Bourbons.

Après avoir traversé Vienne, où il reçut, comme toujours, l'accueil dû à son rang et à sa naissance, M. le comte de Chambord arriva le 5 août à Berlin. Aussitôt que le roi de Prusse connut son arrivée, il invita le Prince à venir loger au château de Postdam, où le petit-fils du grand Frédéric fit, au petit-fils de Charles X, l'accueil le plus gracieux et le plus cordial. Le 6, il y eut grand dîner et spectacle à la cour, et Frédéric-Guillaume III, par une attention délicate, voulut faire entendre à l'héritier de Louis XIV, la tragédienne qui interprète avec tant de génie et d'intelligence les œuvres immortelles de Corneille, l'actrice qui a prouvé que ces œuvres impérissables retrouvent toute leur jeunesse, toute leur force et toute leur virilité, quand elles ont une interprète digne d'elles. Une pareille attention était digne à la fois et du prince qui l'avait conçue et du prince qui en était l'objet. M. le comte de Chambord ne connaissait point mademoiselle Rachel, et il ne connaissait Corneille que par la lecture. Le spectacle se composait de *Polyeucte* et du *Moineau de Lesbie*. Amateur passionné des arts, la belle et noble figure de M. le comte de Chambord, cette figure empreinte d'esprit, de grâce et de dignité, exprima pendant toute la représentation les sensations que le Prince éprouvait en entendant ces beaux vers, dits avec tant de simplicité et d'entraînement. On aurait dit que mademoiselle Rachel, cette actrice si impressionnable, voulait se surpasser elle-même en s'élevant à la hauteur de son royal auditoire. Jamais elle n'avait été plus grande, plus magnifique, dans ce beau rôle de Pauline, qu'elle joue avec toute l'ardeur, avec tout l'entraînement d'une femme convertie aux vérités éternelles du christianisme. La seconde pièce ne lui fut pas moins favorable, et la réunion d'un vieux chef-d'œuvre classique et d'une spirituelle production du théâtre moderne, en faisant briller le talent de mademoiselle Rachel sous deux aspects différents, lui procura un double triomphe.

Pendant le repas et pendant le spectacle, S. M. le roi de Prusse, empressé de donner à son royal hôte une nouvelle preuve de courtoisie, ne voulut porter qu'une seule décoration, les insignes de l'ordre du Saint-Esprit, qu'il reçut de Louis XVIII en 1824, étant prince royal. M. le comte de Chambord lui, fidèle à la simplicité qu'il a résolu de garder tant qu'il sera hors de France, ne portait aucune décoration ; et cette abstention de tout signe distinctif, au milieu de tous ces grands, parés de la munificence de leur souverain, le faisait encore ressortir.

Après avoir pris congé du roi de Prusse et l'avoir remercié de sa gracieuse hospitalité, M. le comte de Chambord partit le 7 pour Hanovre, où le même accueil l'attendait. Le roi de Hanovre est un vieil ami de monseigneur le duc de Berry, et il a reporté sur le fils l'amitié qu'il avait pour le père. Sa Majesté et le prince royal reçurent avec la plus grande distinction l'hôte illustre qui arrivait, et qui passa à Hanovre la journée du 8. Ce jour-là, il y eut grand dîner à la cour en l'honneur du Prince : dîner auquel furent invités MM. le duc de Lévis, Berryer, le marquis de La Ferté, le comte Fernand de la Ferronnays, et le vicomte de Monti de Rézé, qui accompagnaient M. le comte de Chambord.

Le 9 août, à dix heures du soir, le Prince arriva à Cologne, et il trouva à l'hôtel Royal où il descendit, un grand nombre de Français déjà arrivés, et qui s'étaient réunis pour lui présenter leurs hommages. A l'aspect de tous ces serviteurs, heureux d'apporter un tribut que le malheur du Prince rendait plus sacré, et qui, rangés sur deux files, l'attendaient respectueusement, la noble figure de M. le comte de Chambord.

s'illumina de joie. En se voyant entouré de tous ces hommes qui avaient servi ou dont les pères avaient servi son grand-oncle et son grand-père, il se croyait presque en France. Autour de lui, tout le monde parlait la langue du pays natal. L'émotion fut grande de la part de M. le comte de Chambord et de la part des assistants, et le prince embrassa avec effusion M. le général de Saint-Priest qui était à la tête des arrivants, noble serviteur dont la fidélité méritait bien cette distinction, et qui continue sa carrière aussi noblement qu'il l'a commencée. Un autre royaliste, au nom aussi illustre que son caractère est noble et chevaleresque, un descendant du premier baron chrétien, M. Gaston de Montmorency, prince de Robecque, obtint la même marque d'affection dès que le Prince l'eut aperçu. Ce noble et dévoué serviteur du principe monarchique, toujours ferme, toujours à l'avant-garde, a constamment aidé de sa fortune, de sa personne et de son appui, tous les efforts tentés pour servir les intérêts de la cause royale. Jeune, il servit de la manière la plus honorable et la plus distinguée dans la garde royale. Il porta l'épée comme un Montmorency doit la porter, et notre armée se souvient de la bravoure qu'il déploya, en 1823, dans la campagne d'Espagne, alors qu'il était officier d'ordonnance d'un général non moins dévoué, M. le comte de Béthisy.

Pendant la crise sanglante de juin 1848, alors que l'ordre, la famille, les lois et la société étaient en péril, M. Gaston de Montmorency prit part, comme tous les royalistes, à cette lutte décisive, dans les rangs de la garde nationale, et l'on rapporta à cette époque une anecdote qui peint à la fois la franchise de son cœur et l'à-propos de son esprit. Il revenait, avec sa compagnie, de la barricade Saint-Séverin, et il était encore tout noir de poudre et bouillant de la chaleur du combat, lorsqu'un garde national s'écria à côté de lui que l'insurrection était payée par les *carlistes*; c'était le mot d'ordre du moment. — « Pardon, Monsieur, lui dit son illustre camarade, vous ne savez sans doute ni à qui, ni devant qui vous parlez : je me nomme Gaston de Montmorency, prince de Robecque; je suis un de ces royalistes que vous accusez : toutes les fois qu'il s'agit de donner une preuve de dévouement à la cause qui m'est chère, on vient d'abord chez moi ; mais je vous prie de ne pas me croire assez bête pour payer les gens dont je viens d'affronter les balles avec vous : ce serait par trop niais. » —La réponse était aussi ferme que concluante.

On s'est beaucoup appuyé, pour faire ressortir la force de la République, sur le résultat heureux et décisif de la bataille de juin 1848. En 1830, disait-on, la Monarchie a succombé; en février 1848, un autre gouvernement est tombé, et au mois de juin, la République est sortie triomphante de la lutte, parce que seule elle était assez forte pour affronter l'orage populaire. C'est un leurre. En 1830, l'esprit public était détourné de sa route loyale, et une poignée de soldats à jamais héroïques fit tout ce qu'elle pouvait faire. Février fut une surprise, et 35,000 hommes, paralysés par l'absence d'ordres, se retirèrent sans combat devant quelques centaines d'insurgés. La garde nationale, en croisant la baïonnette, le 23 février, à la place des Petits-Pères, contre les gardes municipaux qui voulaient comprimer l'émeute et qui l'auraient comprimée, fit plus pour la Révolution que les balles des combattants du 24. Au mois de juin, la République fut triomphante, parce qu'on ne se battait pas pour elle, on se battait pour soi, pour les siens, pour ses voisins ; on se prêtait un mutuel appui. On attaquait la société, et la société se défendit, non pas parce qu'elle était, mais quoiqu'elle fût en République. Il ne faut jamais altérer la vérité.

Revenons à notre récit dont l'épisode du prince de Robecque nous a détourné. Quand il s'agira de mettre en relief ce noble et chevaleresque caractère, la justice sera, dans notre cœur, toujours d'accord avec l'admiration que nous professons pour sa personne, et cette justice rendue est d'autant plus spontanée, que nous n'avons pas l'honneur de connaître personnellement M. Gaston de Montmorency, ni d'être connu de lui.

Tous les rangs de la société étaient représentés dans cette première réunion. Il y avait seize membres de l'Assemblée législative, des hommes d'épée, des hommes de naissance, des manufacturiers, des cultivateurs, des marchands, tout, en un mot, ce qui constitue l'intérêt commun de la France

Un représentant, M. Vésin, homme d'honneur et de loyauté, qui ne nous appartenait pas encore, mais qui nous appartient actuellement, fut la première conquête faite par M. le comte de Chambord. A l'aspect du prince, en voyant cet air si noble, si franc, si ouvert, si imposant en même temps, et qui ressuscite Henry IV, M. Vésin laissa échapper quelques mots qui peignaient son émotion et l'honnêteté comme l'élévation de son âme. M. le comte de Chambord lui prit les mains, en les pressant avec émotion ; il lui adressa quelques paroles empreintes de sensibilité et de bienveillance, et tout le monde comprit ce que cette scène touchante et spontanée avait de grave et de politique.

Malgré la fatigue qu'il devait éprouver, mais délassé par le bonheur qu'il ressentait, M. le comte de Chambord, qui avait déjà parcouru les rangs de cette foule empressée, ne voulut pas rentrer dans ses appartements sans avoir recommencé cette sorte de revue, et il eut pour chacun de ses amis de ces paroles qu'il trouve si naturellement et qui émeuvent les cœurs comme ils charment la raison.

Le 10 au matin, le Prince s'embarqua sur le bateau à vapeur qui devait le conduire à Biberich. On sait tout ce que ce voyage sur le Rhin qu'on remonte, a de saisissant et de pittoresque ; mais, quelque magnifiques que soient les rives d'un fleuve qui n'aurait pas de rival si le Danube n'existait pas, la curiosité ordinaire était indifférente ; toute l'attention était concentrée sur le prince avec lequel on se trouvait, pour lequel on était venu, et qui, mêlé aux voyageurs avec l'aménité la plus gracieuse, les charmait par son langage élevé et ses manières affables.

On n'arriva à Biberich que vers huit heures du soir, et on n'était qu'à huit heures et demie à Wiesbaden, où M. le comte de Chambord descendit à l'hôtel Duringer, placé en face de l'embarcadère du chemin de fer.

Biberich est un petit village situé sur la rive droite du Rhin, à peu de distance de Mayence.

Il possède un magnifique château ducal, bâti en granit rouge du pays, et à qui cette pierre donne une physionomie toute particulière. L'architecture en est élégante, et la somptuosité de cette demeure du grand-duc de Nassau, vue, tant du côté du Rhin que du côté d'un parc d'une vaste étendue, rappelle les grandeurs de Versailles

Wiesbaden, capitale du grand-duché de Nassau depuis 1815, est une charmante ville qui compte 12,000 habitants, deux tiers protestants, un tiers catholique, et qui possède de magnifiques villas. Elle est renommée pour l'efficacité de ses eaux minérales, dont l'origine se perd dans l'antiquité ; car, en 1783, on retrouva, en bâtissant les fondements des bains, une étuve d'origine romaine, dont le fond, formé de briques, portait le sceau de la 22e légion, la même qui joua un si grand rôle à la prise de Jérusalem. La pierre commémorative qui y était jointe, était dédiée à Apollon, dieu de la médecine, par un centurion qui avait dû à ces eaux le rétablissement de sa santé.

Parmi les hôtes illustres que ces bains reçurent au viiie siècle, on compte Charlemagne, et la visite de M. le comte de Chambord leur donne un nouvel éclat. Dans ce pays, paternellement gouverné par l'illustre maison de Nassau depuis un temps immémorial, il y a, sans doute, des pauvres comme partout, mais il n'y a pas de mendiants. Pendant le séjour que nous y avons fait, l'aumône ne nous a été demandée que deux fois, d'abord par un enfant, ensuite par un de ces étudiants nomades qui tendent la main et tiennent de la charité publique les moyens d'acquérir une science qu'ils emploient trop souvent ensuite à bouleverser leur pays.

Wiesbaden renferme de magnifiques établissements,

un palais ducal fort élégant, un théâtre bâti en 1826 sur le plan de celui d'Aix-la-Chapelle, un hôtel-de-ville et un hôtel des monnaies, et le Cursaal, monument fort remarquable. A quelque distance de Wiesbaden, se trouve un élégant pavillon de chasse appartenant au grand-duc, et qui contient une singularité fort originale : canapés, table, fauteuils, lustres, tout y est fait en corne de cerf, tout, jusqu'aux mouchettes.

Le dimanche, 11 août, à sept heures du matin, M. le comte de Chambord s'est rendu à l'église pour entendre la messe. L'église catholique ayant été brûlée il y a quelque temps, il n'y a, à Wiesbaden, qu'un seul temple, commun aux protestants et aux catholiques. Ce temple même n'est pas encore fini. Il reste à élever les deux tours. Son architecture est élégante, et on a respecté le granit rouge que, dans les autres édifices, on dissimule en le badigeonnant. Tous les Français arrivés la veille accompagnaient le prince dans cet accomplissement d'un devoir chrétien.

A midi, il reçut les hommes dans les salons de son appartement, trop petits pour contenir cette foule empressée. M. le comte de Chambord habitait le second étage de l'hôtel Duringer. Les autres hôtels étaient encombrés, et beaucoup de voyageurs furent obligés de se loger en dehors de la ville.

Après la réception des hommes le matin, le soir, une

seconde réception eut lieu. Plus de deux cents personnes, parmi lesquelles étaient plusieurs dames, se pressaient dans les salons du Prince, qui avait pour chacune d'elles une parole de bienveillance, de souvenir de la France et de gratitude pour tout ce que ses amis ont fait dans l'intérêt du pays.

La *Gazette de Cologne*, mal informée d'abord, a prétendu qu'avant d'arriver chez M. le comte de Chambord, les visiteurs mettaient à leur boutonnière le ruban de l'ordre de Saint-Louis. C'est tout bonnement une absurdité. Ordre militaire, la croix de Saint-Louis, fondée par Louis XIV en 1693, entre deux victoires, ne peut être portée par tout le monde. Pour l'obtenir, il fallait prouver vingt-quatre ans de services d'officier, et, dans le compte de ce temps donné à l'Etat, les années de soldat et de sous-officier ne comptaient que pour moitié de leur durée effective. Chef de cet ordre illustre, gardien de ses intérêts et de ses priviléges, digne récompense du sang répandu pour la France, M. le comte de Chambord n'aurait pas souffert qu'on portât atteinte à cette distinction. Ceux qui portaient chez lui des décorations avaient le droit de s'en parer. Si elles étaient françaises, ils les avaient légitimement gagnées; si elles étaient étrangères, il leur avait été permis de les accepter.

Quand le Prince arriva à Wiesbaden, le grand-duc

de Nassau n'était point dans ses États. Il ne revint que le 14 août, et ce jour même il s'empressa de faire une visite à M. le comte de Chambord, qui, quelques heures après, fut la lui rendre à Biberich, d'où le grand-duc était venu à cheval, suivi des officiers de son service.

Parmi les Français, dont nous parlerons plus tard, se trouvait une députation du Morbihan, cette terre de la fidélité et du dévoûment où tout est royaliste, les enfants et les femmes comme les hommes. De bons et braves cultivateurs s'étaient cotisés pour venir parler au prince qu'ils vénèrent, de leurs sentiments que rien ne peut changer. Ils n'avaient rien voulu accepter dans le pays qu'ils avaient quitté; ils n'avaient pas voulu laisser s'ouvrir une souscription qui les eût défrayés; ils avaient voulu venir à leurs frais, et un étranger que leur costume intriguait ayant demandé à l'un d'eux de quel pays il était, celui-ci répondit fièrement :

« A l'étranger, je suis Français ; en France, je suis Breton. »

Leur vue toucha profondément M. le comte de Chambord, qui les remercia avec effusion d'être venus, fut rempli pour eux de soins et d'attentions, et les chargea de dire à leurs compatriotes quel cas il faisait de leur amour, de leurs services et de leur dévoûment. Ces braves gens, qu'il reçut à sa table, le suivaient partout. C'étaient autant de gardes-du-corps qui eussent été heureux et fiers de se faire hacher pour lui.

Un négociant de Nantes, homme aussi loyal que distingué, M. Félix Lemoine, avait apporté avec lui un riche tapis qu'il destinait à M. le comte de Chambord. Le prince accueillit cet hommage avec bonté.

« —Je connais depuis long-temps, dit-il à M. Lemoine, les sentiments d'attachement et de dévoûment qu'a pour moi votre bonne famille. Je ne puis oublier de semblables amis... Remerciez pour moi votre bon père. »

Puis, comme M. le duc de Lévis voulait lui faire remarquer la richesse et l'exécution du travail :

« —Oh ! dit le prince en souriant, vous arrivez trop tard... j'ai fort bien vu toutes ces beautés. » Et, montrant l'écusson de Modène : — « Mon ami, ajouta-t-il en s'adressant à M. Lemoine, vous avez songé à la comtesse de Chambord, et je vous remercie de cette bonne pensée. »

Puis il invita M. Lemoine à dîner avec lui. La table du Prince était de vingt couverts. Le local ne permettait pas un plus grand nombre de convives, et, aux personnes de sa maison, M. le comte de Chambord joignait, au déjeuner et au dîner, des invités désignés chaque jour par lui.

Dès les premiers moments, il aborda nettement les grandes questions. Il désapprouva formellement l'appel au peuple, et, quant à la ligne à suivre, il déclara que c'était celle que suivaient les hommes honorés de sa confiance et éprouvés dans les luttes ardentes de la politique ou connus par leur immuable fidélité. Parmi eux se trouvent MM. Berryer et le général vicomte de Saint-Priest ; M. le duc de Lévis, quand il est à Paris, et MM. le duc des Cars et le marquis de Pastoret.

Depuis long-temps, ces serviteurs si fidèles et si éprouvés sont les guides de l'opinion royaliste. Mais chaque parti a ses hommes aventureux, toujours prêts à faire feu avant l'ordre et à marcher en avant sans écouter le commandant en chef, au risque de compromettre, par leur pétulance étourdie, le salut général.

Il fallait faire cesser toutes les incertitudes, lever tous les doutes, et de meilleurs guides ne pouvaient nous être donnés.

La réputation de M. Berryer est européenne. Les luttes qu'il a soutenues pendant dix-huit ans, et les flots d'éloquence qu'il a versés du haut de la tribune sur ses auditeurs passionnés, mais attentifs, ennemis de l'opinion qu'il représentait, mais partisans de son génie, rendent tout éloge superflu. Avocat renommé, recherché pour la véhémence et la distinction de son langage, pour son érudition comme pour l'imprévu de ses répliques écrasantes, il n'hésita pas, en 1830, à sacrifier les intérêts de sa fortune aux intérêts du principe monarchique, et, faisant abnégation de lui-même, il quitta le

Palais pour la vie parlementaire. Dans cette Chambre, où il ralliait à peine quinze ou seize royalistes, il n'hésita pas à engager un rude combat, et plus d'un ministère succomba sous l'autorité d'une parole contre laquelle aucune autre éloquence ne pouvait lutter. Dans ces jours d'orage, où le patriotique et national orateur tonnait à la tribune, et forçait ses adversaires eux-mêmes à lui accorder leur admiration et à confesser sa supériorité, ses ennemis furent parfois plus justes pour lui que ses propres amis, et ses triomphes ne furent pas toujours sans amertume. On l'accusait parce qu'on ne comprenait pas les difficultés de sa position, et les manœuvres de sa rare habileté échappaient à ceux-là mêmes qui en profitaient. M. Berryer a cela de particulier dans sa longue et belle carrière, qu'à toutes les époques on le trouve noble et généreux, toujours prêt à défendre, jamais à accuser. A quelque heure qu'on le prenne, on trouve un acte de noblesse, de grandeur et de générosité, et au jour de la réconciliation générale, M. Berryer est l'homme qui doit réunir sur un même terrain ceux qui ont long-temps vécu séparés. On a toujours confiance dans ceux qui n'ont jamais trahi ni trompé personne.

M. le vicomte de Saint-Priest était déjà colonel, lorsqu'en 1814, Monseigneur, duc d'Angoulême, l'attacha à sa personne comme gentilhomme d'honneur. En

1815, chargé d'une mission militaire par le prince pendant la courte campagne de la Drôme, nommé lieutenant-général pour un fait d'armes pendant la campagne d'Espagne, en 1823, toujours brave, résolu, fidèle, intrépide, son avancement militaire fut la juste récompense de ses services, de son dévoûment et de sa haute capacité. En 1830, il représentait la France à Madrid, et il protestait contre cet étrange décret par lequel, en changeant l'ordre de succession dans la Péninsule, Ferdinand VII ouvrait pour ce noble et malheureux pays une série de calamités qui ne peuvent finir que par le retour à un ordre régulier. Sorti des affaires à la suite de la chute de Charles X, M. de Saint-Priest continua de servir la cause à laquelle il a voué sa vie, en dehors du mouvement politique, et il n'y rentra que lorsque le département de l'Hérault le choisit pour représentant, après la révolution de février.

M. le duc de Lévis était bien jeune encore lors de la Restauration de 1814. Digne fils d'un homme que son mérite avait porté si haut, et dont la mémoire est aussi chère aux arts, qu'il cultivait avec succès, qu'à la politique, qu'il honora par sa droiture et son esprit, M. de Lévis commença sa carrière militaire en 1815, auprès de Monseigneur, duc d'Angoulême, qui le prit pour un de ses aides-de-camp. Il était en Espagne, en 1823, avec le prince, et se montra, comme tout ce qui entourait le prince, brave, fidèle et dévoué. Investi d'un commandement dans la garde royale, il apporta dans ces fonctions le tact qui le distinguait, et se fit aimer pour sa bienveillance et honorer par la fermeté qu'il déploya. Appelé auprès de M. le comte de Chambord, il a accepté avec joie et dévoûment l'honneur qui lui était fait, couronnant ainsi, par une nouvelle abnégation, l'abnégation qu'il avait montrée jusque-là. Au premier ordre qu'il reçut, il abandonna son pays, sa fortune, l'air de la France, si nécessaire à tout Français, pour se rendre au poste qui lui était confié. Depuis bien des années, il veille avec sollicitude sur le précieux dépôt qui lui a été remis. Il a pour M. le comte de Chambord toute l'affection d'un père et tout le dévoûment d'un serviteur fidèle. On a prétendu qu'il tenait le prince dans une sorte de tutelle ; qu'il ne pouvait faire un pas, dire un mot ou recevoir quelqu'un sans que M. le duc de Lévis fût présent; c'est tout simplement une calomnie. C'est à la fois faire injure au prince et à M. le duc de Lévis. Ceux qui ont vu M. le comte de Chambord à Kirchberg, à Frohsdorff, à Belgrave-Square, à Ems, à Wiesbaden, à Rome, à Venise, à Tœplitz, partout enfin où il a été depuis qu'il est homme, savent combien, au contraire, M. le duc de Lévis cherche toujours à s'effacer. M. le comte de Chambord n'est pas plus de ces princes que l'on domine, que M. le duc de Lévis n'est un de ces hommes qui veulent se faire maires du palais et absorber à leur profit le pouvoir qui appartient à celui dont ils relèvent.

Un jour, un royaliste arrive à Frohsdorff ou à Kirchberg (le nom de la localité nous échappe), et prie M. le duc de Lévis de lui obtenir une audience de M. le comte de Chambord. — Seulement, Monsieur le duc, ajoute-t-il, je dois, dans ma franchise, vous déclarer que je parlerai contre vous. — Soit, Monsieur, répond M. de Lévis en se levant, — et il introduit le visiteur chez M. le comte de Chambord, et laisse l'accusateur en face du royal juge, sans même réclamer le droit de se défendre.

Tout est dans cette anecdote, qu'il suffit de rappeler pour mettre à néant toutes les calomnies.

M. le duc des Cars est un officier-général distingué, que notre armée s'honore d'avoir eu à sa tête, et dont elle connaît la valeur, le mérite et le sang-froid. Attaché dès 1814 à Monseigneur, duc d'Angoulême, comme gentilhomme d'honneur, il suivait le prince à la Drôme, en 1815, et commandait l'avant-garde de l'armée royale, poussant avec vigueur devant lui les troupes qui lui étaient opposées. En 1823, il commandait en Espagne l'attaque du Trocadéro, et, en 1830, sa division se couvrait de gloire à la prise d'Alger. Homme ferme et décidé, doux et conciliant malgré son énergie, M. le duc des Cars est un de ces caractères fortement trempés, qui n'ont qu'une conviction et ne connaissent que la loi du devoir.

M. le marquis de Pastoret est le fils de cet illustre magistrat si fidèle à d'illustres ancêtres, que M. de Malesherbes vit tout jeune assis dans les rangs de sa compagnie, que le roi Louis XVI appela deux fois au ministère, et dont le roi Charles X avait fait, après cinquante ans de magistrature, le président de la Chambre des Pairs et le chancelier de France. M. le marquis de Pastoret avait commencé à servir sous le règne de Napoléon ; ses missions, ses campagnes, son courage firent alors oublier sa jeunesse ; le roi Louis XVIII lui confia de nombreux emplois : il fut, sous la Restauration, commissaire du roi au sceau de France, gentilhomme de la chambre, colonel de la 7e légion de la garde nationale de Paris, membre du Conseil général du département de la Seine, conseiller d'Etat, membre de l'Institut de France, etc.

On sait quelle fut, en 1830, la noble et courageuse conduite du chancelier de France. Son fils resta comme lui fidèle à ses serments, et lui succéda dans la tutelle de M. le duc de Bordeaux et de MADEMOISELLE, lorsque le vénérable et illustre vieillard, si digne d'être regretté, fut appelé dans le sein de Dieu.

Chargé en France du soin des intérêts de M. le comte de Chambord et de madame la duchesse de Parme, M. de Pastoret s'acquitte de cette tâche avec l'affabilité et la bienveillance qui le distinguent. Nul ne sait écouter avec plus de patience et répondre avec plus d'aménité. Amateur éclairé des arts, il est fort populaire parmi les artistes, qu'il dirige avec goût et protége avec bonté. Son autorité est grande, parce qu'elle s'exerce par la persuasion, et nul ne fait plus d'amis à M. le comte de Chambord, parce que nul ne comprend mieux la volonté éclairée et les sentiments généreux du prince. Il aurait pu, comme tant d'autres, dans l'âge de l'ambition, arriver aux plus grands honneurs en composant avec sa conscience. Il a préféré rester digne de lui-même, digne de son nom, digne de la confiance mise en lui, et il a gagné en estime ce qu'il a perdu en grandeur.

Tels sont les hommes qui nous ont été désignés, et auxquels nous devons obéir. L'hésitation n'est plus permise, le doute n'est plus possible. M. le comte de Chambord a parlé, et tout doit fléchir sous sa volonté. La ligne à suivre doit être une, et ce serait une singulière chose, si, quand la direction est indiquée, chacun voulait aller de son côté. La force d'un parti est moins dans le nombre que dans la discipline. Une armée qui garde ses rangs compactes est sûre de se faire respecter. Une nuée de tirailleurs est bientôt mise en déroute. Que deviendrait le sort des batailles, si les soldats mettaient leur volonté à la place de la volonté du général en chef, s'ils substituaient une manœuvre à celle qui est combinée pour assurer la victoire. Nous avons en face de nous un ennemi qui n'espère que dans nos fautes. Avec les chefs qui nous sont donnés, nous pouvons grossir nos rangs de nombreux auxiliaires; mais si, au lieu d'appeler à nous ceux qui ne demandent qu'à venir, nous nous divisons, nous compromettons le succès d'une cause pour laquelle nous combattons depuis si long-temps. Nul, dans le parti royaliste, n'a le droit de se dire plus fidèle, plus éclairé que les autres; nul n'a le droit, quand M. le comte de Chambord a parlé, de dire : Je n'obéirai pas. Ce ne serait pas seulement une faute, ce serait un crime.

Des hommes de tous les départements sont venus à Wiesbaden. Ils ont vu M. le comte de Chambord, ils lui ont parlé; qu'ils redisent ce qu'ils ont entendu; qu'ils prêchent l'obéissance, qu'ils l'imposent au nom de la fidélité, au nom de l'honneur, au nom du devoir, et ils prépareront l'heureux jour de la réconciliation générale. Ils sont venus demander des ordres, et ils les ont reçus. Ils n'ont pas interrogé la volonté du prince, pour n'obéir à cette volonté que dans le cas où elle leur conviendrait. Ils déploraient la confusion, le désordre qui existaient, la direction incohérente née de la division des idées ou des rivalités de l'amour-propre. Ils ont compris le besoin de l'unité, et cette unité, ils sont venus la chercher à Wiesbaden. Elle leur a été nettement, clairement indiquée. Nul ne peut se tromper aux pa roles de M. le comte de Chambord, nul ne peut leur donner un sens qu'elles n'ont pas. On sait ce qu'il approuve, ce qu'il rejette, et désormais, si quelque royaliste, égaré ou bien oublieux de ses devoirs, essayait de franchir encore le cercle invariablement tracé, il doit en sortir seul, et personne ne doit le suivre.

Dieu, à son gré, donne ou retire la victoire, et rien ne prévaut contre ses décrets. L'espoir, les desseins et les prévisions des hommes viennent se briser contre la volonté éternelle. L'homme ne peut faire qu'une chose, marcher dans la ligne droite et attendre. Il ne peut que chercher à mettre de son côté toutes les chances, et s'en rapporter ensuite à la main de Dieu; car cette main se plaît souvent à déjouer toutes les combinaisons, tous les efforts tentés avec la certitude du succès, comme pour montrer tout ce qu'il y a de faible et d'incomplet dans la nature humaine. Mais l'union, la soumission, l'obéissance sont des auxiliaires qui conquièrent l'estime et donnent toute la force à laquelle nous pouvons aspirer.

Nous avons pour nous un principe immuable, éternel, conservateur, représenté par un jeune prince que Dieu nous donna dans un jour de clémence. Napoléon, dans son orgueil, disait, le 20 mars 1811 : « J'ai un fils ! » Louis XVIII disait plus justement à la foule amoncelée sous les fenêtres des Tuileries, le 29 septembre 1820 : « Un enfant nous est né ! » Et jamais ces paroles de l'Ecriture-Sainte, émanées du cœur d'un roi qui voyait refleurir la tige qu'il croyait desséchée, ne furent plus justes et mieux appropriées à la circonstance. Oui, ce fut un enfant donné à tous. Sa naissance fut un miracle; et, salué à la fois du titre d'*enfant de la France* et d'*enfant de l'Europe*, il grandit pour être un jour notre ancre de salut. Ce jour est arrivé, et Dieu prouve sa bonté en nous montrant quels trésors de vertus, de grandeur et de haute intelligence il a amassés dans le cœur de son élu. De tous les côtés, justice lui fut rendue dans tous les temps, et le jugement porté sur lui par les hommes politiques, par ces esprits froids et calmes qui se tiennent toujours en garde contre les élans du cœur et n'écoutent que la sévère raison, prouve encore quel haut mérite il possède.

Et c'est quand nous le trouvons si grand, si bien fait pour les choses qu'il doit accomplir, que, détruisant l'ouvrage de Dieu, nous refuserions de le suivre dans la route qu'il nous trace, que nous opposerions notre volonté à la sienne. Nous reconnaissons le droit qu'il a de commander, et nous n'obéirions pas; nous sommes fiers de la supériorité de son intelligence, et nous voudrions substituer notre propre intelligence à la sienne : ce serait de l'absurdité.

Voulons-nous pécher par excès d'étourderie et d'impétuosité, comme ces Français qui périrent inutilement pour la France, à Poitiers, à Crécy, à Azincourt? Quand le passé est là pour nous instruire, renouvellerons-nous les désastres d'une autre époque! Donnerons-nous à nos ennemis une arme de plus contre nous, et leur livrerons-nous notre camp et l'avenir de notre prince, au lieu de nous approprier, pour les vaincre, l'union et la discipline, qui leur ont donné la victoire?

C'est en se serrant les uns contre les autres, c'est en restant compactes, c'est en se formant en faisceau, c'est en obéissant au comité qui les dirigeait de Paris, qu'au bout de quinze ans de lutte ils ont triomphé. Et nous, pour qui l'obéissance est un dogme, un article de foi, nous résisterions à l'impulsion qui nous est donnée par celui qui a le droit de dire : Je veux!... Non, cela n'est pas admissible.

On est venu demander des ordres, on les a reçus et on les exécutera. Il n'y a plus d'arrière-pensées, il n'y a plus de résistance possibles, quand la volonté du chef de la grande famille s'est manifestée; et si quelques esprits persistaient dans une déplorable scission, les chefs illustres qui nous ont été donnés rallieront à eux tous les esprits raisonnables, et marcheront à leur but sans se laisser détourner de leur chemin par le feu de quelques tirailleurs sans importance et sans écho. Il n'y a point de droit contre le droit ; c'est notre devise. Pour nous, le pouvoir part d'en haut et non d'en bas ; et, quand ceux qui placent tout dans la souveraineté populaire abdiquent pour le succès entre les mains des chefs qui doivent les conduire, il serait assez singulier de nous voir, nous, avoir l'étrange prétention de substituer notre volonté à la volonté royale. Ne serait-ce pas le renversement de toutes les idées !

On se fait en France une fausse idée de M. le comte de Chambord, et cette fausse idée, ses ennemis, qui l'ont propagée, cherchent à l'entretenir. La durée de leur puissance est là. Ils le sentent, et ils poursuivent leur œuvre.

De ce que les évènements l'ont éloigné de la France pour le malheur de tous, on veut faire croire qu'il est étranger à notre époque et qu'il n'en connaît ni l'esprit, ni les ressources, ni les besoins. A Wiesbaden, comme à Londres et à Ems, M. le comte de Chambord a prouvé combien cette idée était fausse. Son éducation a été sévère et sérieuse, et son esprit lucide a profondément étudié toutes les questions. Il n'a pas reçu les Français, accourus autour de lui, uniquement pour entendre l'expression de leur amour ; il a causé avec eux de la France et des grands intérêts du pays. Hommes politiques, hommes d'affaires, négociants, banquiers, agriculteurs, ouvriers sont arrivés avec leurs aperçus, quelquefois avec leurs conseils, toujours avec leurs vœux ; mais, à leur tour, ils ont été surpris de trouver le prince instruit de toutes les affaires dont ils lui parlaient, et, à cette surprise, M. le comte de Chambord répondait :

« Mes amis ont l'air de s'étonner de me voir au courant de ce qui se passe en France ; à quoi donc pensent-ils que je doive appliquer mes soins, si ce n'est à connaître les besoins de mon pays ? »

Il n'est rien, en effet, qu'il n'ait étudié et qu'il n'étudie avec scrupule. Il sait la situation générale de la France et la situation particulière de chaque département ; il connaît les œuvres utiles aux populations, les noms des hommes qui les ont fondées et qui les dirigent ; il a constamment suivi avec soin les débats des conseils généraux et les questions traitées dans ces conseils ; il étudie avec le même fruit les débats parlementaires ; l'armée, les finances, les travaux publics, l'éducation, tout lui est connu ; il sait le nom des hommes, il connaît les services rendus, et c'est ainsi qu'il a pu surprendre et émerveiller les personnes de diverses professions et de diverses vocations qui sont venues l'entretenir des intérêts qui l'occupent exclusivement.

M. le comte de Chambord a toujours eu et a une vie active. Le sage emploi qu'il fait de sa journée suffit à tout. A Wiesbaden, levé à cinq heures et demie du matin, il commençait à s'occuper des choses sérieuses. Toute la journée, depuis sept heures, était coupée par une succession non interrompue d'audiences données à tous ceux qui les demandaient. Il écoutait avec attention et répondait toujours avec à-propos.

Un de nos amis, M. le comte de Seraincourt, qui s'occupe d'affaires industrielles et qui va prochainement livrer à l'exploitation les belles mines métallifères de l'Aveyron, lui ayant parlé de cette entreprise, déjà annoncée au prince par M. le comte de Brissac, M. le comte de Chambord a prouvé, par les détails qu'il a donnés, avec quelle attention et avec quel fruit il a visité les grands centres de mines de l'Allemagne, en Saxe, en Hanovre, et combien il s'est mis au courant de ces questions qui intéressent à un si haut degré la prospérité de la France. Il les a traitées avec cette remarquable lucidité qu'il possède, et il s'est exprimé avec beaucoup de précision et une grande netteté de vues sur l'utilité des chemins de fer en général. Il a expliqué par quel mécanisme ingénieux et patient l'Allemagne était parvenue à se sillonner de voies ferrées qui raccourcissent la distance, et comment elle continue son système, en regrettant que la France, si ardente et si impétueuse, si bien faite pour être la première des nations et pour donner l'exemple, n'ait encore que des chemins incomplets. Il a insisté sur la nécessité d'employer toutes les ressources dont on pourrait disposer, pour terminer le chemin si important de la Méditerranée, source d'une grande prospérité, et sur le devoir impérieux, pour le gouvernement, de s'occuper des provinces d'outre-Loire, trop négligées jusqu'ici, et placées dans des conditions d'inégalité trop grandes vis-à-vis des autres provinces, sous le rapport de ces vivaces et rapides voies de communication.

Dans l'Aveyron, on appelle le fils aîné, le chef de la famille, l'*efon de l'oustal* (l'enfant de la maison).

M. le comte de Chambord interrogeant M. de Seraincourt sur l'esprit de sa province, celui-ci lui répondit :

« — Cet esprit, Monseigneur, est tout entier dans ce mot d'un bon laboureur, qui, voyant le désordre au milieu duquel nous vivons, me disait en secouant la tête : — « Comment voulez-vous que les choses puissent marcher ? Il faut une main ferme, une autorité sous laquelle on se courbe : tant que l'*efon de l'oustal* ne sera pas là, tout ira à la diable. »

« — Ce brave homme a raison, ajouta M. de Seraincourt ; il nous faut l'*efon de l'oustal.* »

Avec lui, en effet, tout rentrera dans l'ordre ; la France reprendra sa grandeur, elle retrouvera cette prospérité que Dieu lui a départie, et la fortune publique, que les révolutions gaspillent depuis soixante ans, sans profit pour l'intérêt du pays, servira à le faire refleurir.

Dans une des réceptions, une femme dont Paris connaît la grâce, la beauté et l'esprit, Mme de Béhague, qui voyait M. le comte de Chambord pour la première fois, passait d'un salon dans un autre, appuyée sur le bras de M. le vicomte Walsh, encore une de ces fidélités éprouvées et héréditaires, lorsque, tout-à-coup, le prince, qui sortait d'un groupe, se trouva en face d'elle.

M. Walsh recula par respect, et dit : « Monseigneur, nous formons une barricade. — Il ne faut pas faire de barricades, répondit le prince; il faut les défaire. » — Puis, se tournant aussitôt vers Mme de Béhague : — « Je viens, Madame, dit M. le comte de Chambord, de dire un mot qui vous rappelle un triste souvenir : je vous en demande pardon. Je sais que M. votre frère est mort, en 1834, devant une barricade. Croyez que nul plus que moi n'a regretté ce malheur, et veuillez dire à Mme Baillot, votre mère, toute la part que j'ai prise à sa douleur. »

Ces touchantes paroles, dites avec la dignité d'un prince, avec l'émotion d'un regret bien senti, et parties du cœur, retentirent avec reconnaissance dans l'âme de Mme de Béhague, qui ne put que s'incliner et répondre par ses larmes à l'honneur qu'elle recevait.

Soixante nouveaux visiteurs, la plupart ouvriers de Paris, étant arrivés le 18, M. le comte de Chambord voulut les voir immédiatement. Il leur dit qu'il était touché de l'empressement avec lequel ils étaient venus ; qu'il partageait vivement le sentiment qui les amenait, et qu'il était heureux de voir qu'après une aussi longue absence, ce sentiment était vivant, comme au premier jour, dans toutes les âmes.

L'émotion était grande. Tout le monde pleurait, et comme, par respect, on s'écartait du prince. — « Approchez-vous, leur dit-il en souriant et en leur faisant signe de se serrer autour de lui... plus près... encore plus près... vous ne serez jamais trop près de moi. »

Alors ce fut un empressement unanime. On le serrait, on le pressait, comme il avait voulu être serré et pressé. On lui prenait les mains, on les baisait avec transport ; et le prince, heureux de cette joie respectueuse, franche et naïve, y répondait par l'expression de son bonheur et de son affection. Puis il se mit à interroger tous ces enfants de Paris, sa ville natale, qu'il était fier de voir groupés autour de lui. Il leur parla du commerce, du travail, s'informa de leurs professions, et eut pour tous des paroles touchantes.

Un ouvrier s'étant écrié : « Monseigneur, le commerce a besoin de vous.—Eh bien ! dit le prince, j'irai trouver le commerce. »

Aussitôt un mouvement électrique se fit parmi tous ces esprits si francs et si impressionnables : un cri allait partir, mais le respect l'arrêta sur les lèvres, et les assistants se retirèrent, après avoir été invités par M. le comte de Chambord à venir à la réception du soir.

Un de ces pauvres ouvriers s'obstinait à se cacher derrière les autres ; le prince s'en aperçut, fut à lui, et lui demanda pourquoi il se tenait ainsi à l'écart.

« — Excusez-moi, Monseigneur, dit l'ouvrier, c'est à cause de mon costume ; j'ai perdu ma malle au chemin de fer ; je ne suis pas mis décemment pour me présenter devant vous ; mais, ne pouvant résister au bonheur de vous voir, je suis venu, espérant me dérober à votre attention..:

» — Eh ! mon ami, répondit en souriant M. le comte de Chambord et en lui tendant la main ; que me fait votre habit ? c'est le cœur que je regarde. »

Le 19, il reçut à sa table un des ouvriers arrivés la veille, en regrettant de ne pouvoir les avoir tous, et le sort favorisa un jeune homme, véritable type du *gamin* de Paris.

— « Eh ! bien, mon garçon, lui dit le Prince pendant le dîner, ferais-tu des barricades, si j'entrais à Paris ?

» — Non, Monseigneur, répondit celui-ci ; mais nous allons apprendre à en faire, et de solides encore, pour vous empêcher de partir, si vous en aviez la fantaisie.

» — Sois tranquille, répondit M. le comte de Chambord, je ne l'aurais pas. »

A ce dîner figurait aussi une paysanne vendéenne, madame Guérin, de Machecoul, venue pour voir le prince, et qui fut, pendant tout son séjour, l'objet des attentions de M. le comte de Chambord et de tous les royalistes, touchés de cette preuve d'affection et de dévouement.

Le soir, le prince honora de sa présence la représentation des *Huguenots*. Cette représentation avait lieu au bénéfice du chef d'orchestre, M. Schmith, artiste distingué, auteur d'un opéra intitulé le *Prince Eugène*. Le grand-duc de Nassau avait mis sa loge à la disposition de son royal hôte; M le comte de Chambord le remercia et prit une avant-scène.

La présence du Prince avait attiré toute la société de Wiesbaden. Les autres lieux de réunion étaient délaissés. M. le comte de Chambord arriva à huit heures. Les marches du pérystile étaient couvertes d'Allemands et de Français qui n'avaient pu trouver de place. Tous les fronts étaient découverts. Le directeur vint au-devant du Prince et le conduisit respectueusement à sa loge. Quand M. le comte de Chambord entra, toute la salle, par un élan de respect, se leva. Rien de plus imposant que cet hommage rendu à l'auguste chef de la maison de Bourbon, qui avait avec lui M. le duc de Lévis,

M. le duc de Noailles, M. le marquis de Pastoret, M. Berryer, M. le prince de Robecque, M. le duc de Fitz-James, et M. le comte Fernand de la Ferronnays.

Les ouvriers invités par M. le comte de Chambord étaient au parterre, et au milieu d'eux se trouvait M. le marquis d'Espinay Saint-Luc, digne descendant du grand-maître de l'artillerie sous Henry IV, et loyal, brave, fidèle et dévoué comme son aïeul ; un de ces caractères antiques, qui ne transigent jamais avec le devoir et l'honneur, et qui ne connaissent que la vieille devise : « Fais ce que dois, advienne que pourra ! »

M. le marquis d'Espinay Saint-Luc a commencé sa carrière militaire à l'armée de Condé ; ce n'était encore qu'un enfant. L'enfant est devenu homme au milieu des fatigues de ce rude métier, et a continué à servir jusqu'à ce qu'une blessure grave le forçât à se retirer momentanément. Nommé en 1815, par Louis XVIII, au commandement de la citadelle de Cambrai, puis appelé à former et à diriger le 16e chasseurs à cheval, M. le marquis d'Espinay Saint-Luc donna au Roi un bon et brave régiment, aussi ferme dans la route du devoir que noble et discipliné. Il avait pour lui le cœur de tous ses soldats, leur affection et leur respect. Constamment occupé d'eux, de leur bien-être, sa sollicitude éclatait à tous les instants ; et quand, plus tard, la justice du roi l'appela au grade de maréchal-de-camp, ce fut à la fois pour le régiment un sujet de joie et de douleur : de joie, parce que le mérite était récompensé; de douleur, parce qu'on perdait un chef idolâtré.

Personne, mieux que celui qui écrit ces lignes, ne connaît tout ce que le cœur de M. le marquis d'Espinay Saint-Luc renferme de noblesse, de bonté, de grandeur d'âme et d'abnégation. Le hasard me fit entrer dans son régiment ; et ce fut un hasard providentiel. M. le marquis d'Espinay Saint-Luc voulut bien s'intéresser à moi. Il me trouva soldat, il me prit comme secrétaire ; il me fit franchir avec une rapidité qui n'avait pour excuse que sa bonté, les grades préliminaires qui conduisent à l'épaulette, et je devins officier par sa haute protection. Je n'aurais pas été royaliste, que je le serais devenu par lui. Forcé de le quitter, pour entrer aux gardes-du-corps de MONSIEUR ; j'étais partagé entre le bonheur de me rapprocher de la famille royale et le regret de quitter mon colonel. Mais, dans cette vie nomade que fait l'état militaire, il reste du moins un point de rapprochement, c'est la reconnaissance, et celle qu'impose un homme comme M. le marquis d'Espinay Saint-Luc, reste toujours gravée dans le cœur de ceux qu'il a protégés et obligés.

M. le comte de Chambord l'ayant aperçu au parterre envoya M. le duc de Lévis pour l'inviter à venir dans la loge royale ; puis, l'interrogeant :

« — Eh bien ! nos bons ouvriers de Paris, que disent-ils ? sont-ils contents ?

» — Monseigneur, répondit le général, ils sont dans l'ivresse... non pas cette ivresse qui trouble la tête, mais celle qui reste au cœur ! »

Après le quatrième acte, M. le comte de Chambord se retira. Pourquoi ? nous allons le dire.

Les Allemands ont imaginé d'ajouter encore à la scène de bénédiction des poignards, déjà si terrible par elle-même, et d'y ajouter d'une manière inconvenante. Ils inondent la scène d'une foule de moines et de capucins, qui se livrent à toutes sortes de contorsions, et qui agitent de grands crucifix qu'ils mêlent aux poignards et qu'ils brandissent d'une façon menaçante. A Wiesbaden, ville de douze mille habitants, les deux tiers sont protestants, et cette mise en scène peut réjouir la partie huguenote, mais elle afflige les catholiques, qui savent qu'en 1572 les Guise couvrirent du manteau de la religion leurs projets ambitieux et usurpateurs.

Un peu plus de tact de la part de l'administration théâtrale eût rendu la soirée complète. Après le spectacle, un bal fut donné aux dames de Wiesbaden par tous les Français réunis, et cette fête cimenta de nouveau l'union des visiteurs et des Allemands.

M. le comte de Chambord aime et protége les arts ; il les cultive même avec goût.

Le 20, tous les ouvriers furent invités, sans exception, à un banquet donné à l'hôtel Duringer. Ce banquet était présidé par M. le marquis d'Espinay Saint-Luc, dont les ouvriers parisiens connaissent toute la sollicitude et ressentent chaque jour la protection éclairée; les autres commissaires désignés par le Prince étaient MM. le comte de Lostanges, le comte de la Ferronnays, le prince de Robecque, d'Escuns, le marquis du Plessis-Bellière, le vicomte Louis de Rougé, le comte de Sombreuil, le marquis de Guiry, Auguste de Barthélemy, de Sauvaire-Barthélemy, fils du représentant. Au dessert, M. le comte de Chambord descendit trouver ses hôtes, et s'adressant au général d'Espinay Saint-Luc :

« — J'ai voulu, dit-il, avant de me séparer de mes amis, boire à leur santé et porter un toast qui répond à leur cœur et au mien ! »

Alors, prenant un verre et l'élevant, il s'écria d'une voix sonore et émue :

« A LA FRANCE, NOTRE CHÈRE ET COMMUNE PATRIE ! »

Tout le monde était debout. Les lèvres s'entr'ouvrirent, mais le respect et la crainte de désobéir à M. le comte de Chambord, qui ne voulait aucune manifestation, retenaient tous les convives.

M. d'Escuns se pencha à l'oreille de M. le comte de Chambord, et lui adressa une prière, à laquelle le prince, ému, répondit par un sourire affirmatif.

Alors, M. d'Escuns se redressant, s'écria : « Mes amis, Monseigneur le permet : Vive le Roi ! »

Alors ce fut une joie, un enthousiasme indicibles, et le cri de vive le Roi! s'échappa de toutes ces poitrines qui le retenaient avec tant de peine !

Avant de se retirer, le prince s'approcha d'un jardinier de Saint-Mandé, nommé Germain, qui lui avait apporté des pêches de son jardin, et lui dit :

« —Je vous remercie, mon ami, des fruits que vous m'avez destinés; je les ai trouvés excellents et bien doux pour mon cœur : ils ont mûri au soleil de la France ! »

Avant de partir, trois ouvriers désignés par leurs amis, furent reçus en audience particulière par M. le comte de Chambord, et lui exposèrent leurs idées et leurs doléances sur l'état de souffrance des classes laborieuses. Ils trouvèrent le Prince parfaitement éclairé sur ces grandes questions du travail; il leur expliqua ses pensées de réforme, et tout ce qu'une politique réglée par cette grande intelligence promet d'institutions vraiment populaires. Ils exprimèrent leur profonde admiration pour M. le comte de Chambord, et ils ont emporté de lui l'idée la plus juste et la plus haute, comme ils ont laissé dans son noble cœur de bons et touchants souvenirs.

Les Vendéens arrivèrent le 19 au soir, et à peine eurent-ils touché la terre de Nassau, à peine furent-ils auprès du lieu qu'habitait le prince, qu'un cri unanime de VIVE LE ROI ! fut poussé par eux.

La vieille fidélité bretonne avait besoin de s'épancher, et le cri qui conduisait les pères au combat se réveillait dans l'âme des fils.

Quand ils arrivèrent, un des officiers de la maison du Prince, qui avait été envoyé au-devant d'eux, les prévint que M. le comte de Chambord désirait qu'aucune manifestation ne fût faite en sa faveur, et qu'on évitât de crier VIVE LE ROI ! Reconnaissant de l'hospitalité qu'il avait reçue dans les États du grand-duc de Nassau, M. le comte de Chambord ne voulait pas faire de sa présence et de la visite de ses amis, un sujet de plainte ou de conflit. Les Vendéens comprirent la portée de ces observations; mais l'amour fut chez eux plus fort que la raison, et ils couvrirent la harangue qui leur était adressée d'un immense cri de VIVE LE ROI ! Quand on leur reprocha, en riant, leur désobéissance, ils s'excusèrent en disant :

« — Notre faute a été involontaire ; mais il y a si long-temps que ce cri est comprimé dans nos cœurs, qu'il avait besoin de sortir de nos bouches ! il nous étouffait ! »

Tous les royalistes se firent un devoir d'accompagner

chez M. le comte de Chambord, ces dignes et nobles enfants de la terre classique de la fidélité. Les dames agitaient leurs mouchoirs, et la plus vive sympathie éclatait sur leur passage. C'est qu'ils étaient réellement beaux à voir, avec leur costume traditionnel, leurs cheveux flottant sur leurs épaules et leur physionomie loyale, franche et ouverte, comme toutes les figures bretonnes.

Ils voyaient le prince pour la première fois, et leur attendrissement fut grand, grand comme leur amour, leur dévoûment et leur fidélité. Ces rudes natures ne purent résister à leur émotion, partagée par le Prince, et leurs yeux étaient remplis de larmes, leur voix arrêtée au passage par des sanglots de joie et de bonheur.

Tous venaient de ce département du Morbihan qui a tant fait pour la royauté, et dans lequel, en 1815, tout, jusqu'aux enfants, jusqu'aux héroïques élèves du lycée de Vannes, marcha pour la défense du principe monarchique. Ils venaient de ce pays, qui est fier d'avoir donné le jour à Georges Cadoudal, ce chevaleresque soldat, tombé il y a quarante-six ans sous le fer du bourreau, martyr de la cause qu'il avait si courageusement servie. L'un d'eux était un vieux compagnon de ce Georges, dont le temps n'a pas éteint le souvenir, et dans son enthousiasme, oubliant encore la défense qui lui avait été faite, il cria de nouveau de toute la force de ses vigoureux poumons :

« — Vive le Roi ! »

Et comme M. le comte de Chambord lui demandait plus de réserve, tout en étant ému et touché de cet amour si ardent, si naïf et si pur :

« — Savez-vous bien, Monseigneur, répondit le vieux brave en s'inclinant, que pour ne pas crier vive le Roi ! quand on vous voit, il faut être bien obéissant ! »

C'est le même homme qui, au moment d'arriver à Wiesbaden, s'écriait :

« — Il faut que le Roi revienne à Paris, dussions-nous reprendre le mousquet ! »

Et comme on lui faisait observer que son grand âge ne lui permettait plus la vivacité et l'énergie qu'il avait déployées dans sa jeunesse :

« — Bah ! répliqua-t-il en secouant la tête, je me mettrai devant les autres, et j'en économiserai un jeune. »

Il n'y a qu'un vieux Breton qui puisse avoir de pareilles idées d'abnégation. Pieux et dévoués, ne faisant aucun cas de la vie, pourvu que le sacrifice profite à la cause royale ; toujours prêts à marcher, à vaincre, jamais à abandonner la partie, toujours calmes et soumis à la volonté de Dieu, on peut dire de chaque Breton, ce qu'un grenadier du 10e de ligne disait, en 1815, de

Monseigneur, duc d'Angoulême : « Il va au feu comme à la messe. »

Un autre eut aussi un mot charmant et caractéristique :

« —Monseigneur, dit-il à M. le comte de Chambord, on n'est pas content de vous au pays?

» — Pourquoi? demanda le Prince tout surpris de ce reproche.

» — Pourquoi ! parbleu ! parce que vous devriez être en France ! »

Et cette boutade fut reçue avec la même sympathie que celle qui l'avait amenée.

M. le marquis de Pastoret voulut recevoir ces nobles enfants de la Bretagne, et il les réunit chez lui dans un banquet auquel il convia en outre d'autres Bretons, et au dessert il se fit l'écho de la pensée de tous les amis du Prince, en portant le toast suivant :

« — A la Bretagne ! A ses souvenirs et à ses espérances ! A ses prêtres, à ses soldats, à sa fidélité ducale et à sa fidélité royale ! A la Bretagne ! A la France et au Roi ! »

Ce toast fut salué par un vivat unanime. M. le vicomte et madame la vicomtesse Walsh eurent également à leur table ces braves et dignes enfants de l'Armorique. Enfin, ils furent comblés par M. le comte de Chambord qui leur offrit aussi un dîner, et vint choquer le verre avec eux et boire à la Bretagne et à la France !

A ce moment, leur enthousiasme ne connut plus de bornes, et ils s'écriaient dans leur bonheur :

« — A présent, nous n'avons plus rien à demander à Dieu et nous pouvons mourir, puisque nous avons vu le Roi ! »

M. le comte de Chambord leur fit distribuer, au moment de leur départ, une médaille à son effigie et à celle de madame la comtesse de Chambord : noble princesse, qu'ils cherchaient dans leur amour, et qu'ils regrettaient de ne pas voir ; et sur cette médaille, précieuse relique qu'ils ont emportée au pays et qu'ils légueront à leurs enfants, une inscription, approuvée par M. le comte de Chambord, attestera leur visite et le don qui leur a été fait.

M. le comte de Chambord a suffi à tout, dans ce voyage que l'on a trouvé si court. Il a vu tout le monde, il a parlé à chacun d'une manière bienveillante, mais avec l'autorité de son rang. Non-seulement un grand nombre de Français étaient réunis auprès de lui ; mais des visiteurs étrangers, illustres par leur naissance, leur position et leurs services, sont venus lui rendre hommage. Ils voulaient aussi juger le prince, qu'une fidélité si éclatante saluait dans son amour, et tous se sont retirés, pénétrés d'un sentiment de respect et d'admiration. L'étude politique qu'ils ont faite à Wiesbaden intéresse l'Europe entière, dont le salut est attaché au salut de la France, et cette étude aura une grande influence sur l'opinion étrangère. La France est comme le Jupiter de la Fable : quand elle fronce le sourcil, l'Europe tremble; quand elle s'agite, l'Europe est en feu; quand elle rentre dans son état normal, l'Europe est calme et tranquille. C'est de chez nous que part le signal d'alarme ou le signal de paix, et l'Europe suit l'impulsion que la France lui donne. Si toute la France pouvait voir et entendre M. le comte de Chambord, elle céderait au charme qu'il inspire, et les grands problèmes politiques seraient bientôt résolus. Le prestige qui suit M. le comte de Chambord est tel, que M. le baron de Vitrolles, qui, dans un âge avancé, garde tout le feu, tout l'esprit et tout l'à-propos de la jeunesse, lui a dit dans l'intimité de la conversation, et en voyant autour du prince tous ces visages heureux et épanouis :

«— Monseigneur, je ne sais pas si vous êtes un grand séducteur de femmes; mais ce que je sais, c'est que vous êtes un grand séducteur d'hommes ! »

Mot heureux, qui renferme et proclame l'irrésistible magie qu'exerce M. le comte de Chambord sur tous ceux qui ont le bonheur de l'approcher !

Le 23 août, deux artistes parisiens, M. de Cuvillon, violoniste distingué, membre du Conservatoire et de la

Société des concerts de Paris, et M. Codine, pianiste non moins remarquable du Conservatoire, donnèrent dans la salle du Cursaal, avec la coopération d'une cantatrice allemande, mademoiselle Franziska Rummel, un concert auquel M. le comte de Chambord assista. Nous le suivîmes tous où il allait, heureux et empressés d'être quelques instants de plus auprès de lui.

Le Prince étant arrivé et s'étant assis, ayant à sa droite M. Berryer et à sa gauche M. le duc de Noailles, auxquels il avait réservé cet honneur, M. de Cuvillon s'inclina respectueusement pour prendre les ordres du Prince, et, les ayant reçus, il joua un air charmant sur le thême si touchant de la romance de *Richard Cœur-de-Lion*. Tous les cœurs étaient émus en entendant cette mélodie sans rivale et presque de circonstance, qui peint la douleur d'un roi éloigné de ses sujets et la fidélité du serviteur qui le cherche au fond de l'Allemagne. D'unanimes applaudissements, de frénétiques bravos suivirent ceux que le Prince donna le premier à cette exécution si parfaite, à ce charme indicible que M. de Cuvillon possède à un si haut degré. Il en fut de même quand, par une heureuse et toute nationale inspiration, M. Codine termina une fantaisie sur le piano, par l'air de *Vive Henry Quatre*. Cet air, toujours jeune, toujours frais, toujours entraînant, puisait un nouveau prestige dans la présence du petit-fils du bon Roi, héritier de son nom et de ses droits, et dans le lieu où il était exécuté. Les airs nationaux de la France sont encore plus émouvants quand on est loin de la patrie, et quand, sur cette terre étrangère, on contemple celui devant qui ils devraient être exécutés à Paris. Tout le reste du concert eut le même succès, et M. le comte de Chambord, avant de se retirer, complimenta les artistes qu'il avait applaudis, dans les termes les plus bienveillants. Il les laissa séduits, comme tout le monde, par le charme d'une parole qu'il faut avoir entendue pour comprendre tout ce qu'elle a de saisissant et de gracieuse dignité.

Le 24, le Prince fit une excursion à Ems, où il alla rendre visite à madame la duchesse régnante de Modène, sa belle-sœur. Ce fut pour nous un jour de deuil, puisqu'il n'était pas là, et la tristesse remplaça la joie ordinaire. Wiesbaden perdit son air de fête, et parut sombre et maussade. Ce n'était plus qu'une ville étrangère, où se promenait l'ennui des touristes. L'enchanteur qui l'animait avait disparu, et il emportait avec lui tout le prestige d'un rêve féerique.

Mais, le 25, la ville reprit son air accoutumé. M. le comte de Chambord, qu'on n'attendait qu'à quatre heures de l'après-midi, arriva à une heure et demie, et dès qu'on apprit qu'il était de retour, la douleur s'effaça pour ne laisser de place qu'à la joie.

Pendant ces vingt-quatre heures d'absence, le nombre des Français s'était accru ; mais celui dont l'arrivée causa le plus de sensation, fut M. le comte de Salvandy. Ministre de l'Instruction publique au moment de la révolution de février, sa présence chez le prince était un évènement politique. Du reste, l'hommage rendu à M. le comte de Chambord par M. de Salvandy, n'étonna pas ceux qui connaissent et apprécient la noblesse du cœur et l'élévation des sentiments de M. de Salvandy.

Parmi ceux qui ont servi le gouvernement de juillet, M. de Salvandy est un homme à part. Mousquetaire en 1814, il a toujours conservé pour les princes de la maison de Bourbon, le respect et l'amour que leur devait un officier attaché à leur service. Lié avec la politique du *Journal des Débats,* il en suivit les errements ; mais en combattant les systèmes ministériels de la Restauration, son opposition ne monta jamais plus haut que les conseillers de la couronne.

M. de Salvandy n'a pris aucune part à la révolution de juillet, et il fut de ceux qui la virent avec regret et douleur. Si cela eût dépendu de M. de Salvandy, le Roi Charles X serait resté sur le trône ; le Roi parti, la Révolution triomphante, M. de Salvandy ne se rallia au gouvernement du 7 août, que lorsqu'il n'eut plus d'espoir pour la légitimité, et qu'il lui sembla qu'il fallait sauver le pays de l'anarchie prête à le déborder.

Nous avons suivi une autre ligne, mais nous n'entendons pas être injuste envers nos adversaires, d'autant mieux que dans cette nouvelle route, M. de Salvandy garda son indépendance.

Quand MADAME, duchesse de Berry, fut arrêtée, en 1832, M. de Salvandy, dans un livre chaleureux, protesta, au nom de la France, contre cette arrestation. Directeur de l'Académie, il répondit à M. Victor Hugo, qui poétisait la sanglante révolution de 1793, en rendant à cette triste époque son véritable caractère. Ambassadeur à Turin, il n'hésita pas à voter contre la *flétrissure* dont on frappa, en 1843, les députés royalistes qui avaient été à Belgrave-Square, et il perdit son ambassade. Ministre, il fut le protecteur des artistes, et peut-être trop prodigue de faveurs envers eux, mais on les avait si long-temps tenus à l'écart, qu'il résolut de réparer les fautes du passé. Enfin, depuis la révolution de février, il a publié, dans le *Journal des Débats*, des articles dont son arrivée à Wiesbaden fut la conséquence.

Ce fut M. Berryer qui présenta M. de Salvandy à M. le comte de Chambord, et le grand orateur le fit avec ce bonheur d'expressions qui lui est familier.

« J'ai l'honneur, dit-il, de présenter à Monseigneur M. le comte de Salvandy. C'est l'homme qui a le mieux compris le sentiment qui nous porta à aller à Belgrave-Square, mettre notre hommage aux pieds de Monseigneur. »

Cette heureuse phrase, qui rappelait l'indépendance dont M. de Salvandy avait fait preuve dans une grave circonstance, eut un succès complet. Elle tranchait la question et rendait le terrain facile. Le Prince fit à M. de Salvandy l'accueil le plus bienveillant, le plus distingué. Il s'entretint longuement avec lui et le retint à dîner.

Le soir, il y eut réception générale. Les salons étaient encombrés, et là, M. de Salvandy retrouva d'anciens amis dont les évènements l'avaient séparé, et qui furent heureux de lui serrer la main et de se retrouver en communauté de sentiments avec lui.

La joie de M. de Salvandy n'était pas moins grande. Il répondit comme il le devait à ces marques d'amitié, et parla de M. le comte de Chambord dans les termes les plus enthousiastes.

« —Quand on a vu le Prince, disait-il, quand on l'a entendu développer les nobles idées qui l'animent, on ne peut qu'être plein de confiance dans l'avenir. »

A cette soirée assistaient encore M. Pageot et M. le maréchal duc de Raguse. Le maréchal est toujours vert, toujours fort. Il porte ses soixante-quinze ans sans plier sous le fardeau, et il était venu de Cologne joindre ses hommages à ceux des autres Français. Éloigné de la France depuis vingt ans, il ne parle d'elle qu'avec le plus vif enthousiasme, et n'aspire qu'à y rentrer. Les portes ne lui en sont pas fermées, mais il attend que le calme et la prospérité soient revenus.

M. Pageot est un ancien ministre plénipotentiaire du gouvernement de 1830 auprès des États-Unis. La présence de M. de Salvandy, de M. Pageot et de M. Baccarach, examinateur des écoles, donnait à cette soirée une nouvelle animation et une haute signification. Chacun se réjouissait de voir de tels actes s'opérer et de tels rapprochements se faire sous les auspices de M. le comte de Chambord, petit-fils de Henry IV, et destiné, comme le bon Roi, à servir de lien à tous les éléments de la nationalité française.

Les réceptions du soir duraient de huit heures à dix. Il y avait là, outre les hommes, de nobles et charmantes femmes, qui avaient bravé les fatigues du voyage, et étaient venues de Paris et des départements accomplir le pèlerinage de la fidélité. On retrouvera leurs noms dans les listes qui terminent cet ouvrage. Nous citerons seulement ici quelques-unes de ces dames, que l'on nous a désignées, en regrettant que la foule ne nous ait pas permis de nous trouver en face des autres. Ce sont : madame la duchesse de Lévis, née de Nicolaï, illustre par sa naissance, non moins illustre par son mérite personnel; madame la duchesse de Valmy, qui réunit, comme madame la duchesse de Lévis, tout ce qui attire le respect et l'admiration ; madame la vicomtesse Charles de Cacqueray, charmante et gracieuse jeune femme, digne de porter un nom si noblement inscrit dans les fastes de l'honneur et de la loyauté, aussi remarquable par la distinction de sa personne que par la séduction de son esprit ; madame la marquise de Selves dont les traits rappellent la pureté du marbre grec ; mesdemoiselles de Villèle, modèles de beauté, de grâce, d'élégance ; Mlle de Caux, belle-fille de M. le duc de Valmy, jeune personne qui unit au prestige de la femme, une voix délicieuse de soprano, que sa modestie ne lui permet de faire briller que dans l'intimité des réunions d'amis, voix étendue, douce, veloutée, et qui ferai l'envie de plus d'une cantatrice renommée ; madame la vicomtesse Walsh, qui fait les honneurs de son salon avec une grâce, une affabilité et une prévenance qui touchent et rendent reconnaissants ceux qu'elle admet chez elle. La liste serait inépuisable, sans la faute de notre mémoire.

La foule s'entassait dans les quatre salons destinés à la recevoir ; mais elle était si compacte, si nombreuse, que, pour ne pas étouffer, on était contraint de se réfugier dans les corridors avoisinants. Le Prince arrivait à l'heure précise. Il connaît et met en pratique le mot si spirituel de Louis XIV : « L'exactitude est la politesse des rois. »

Il allait de groupe en groupe, parlant à chacun avec bonté, avec entraînement, passait de salon en salon, revenait, traversait les corridors pour y chercher ceux qui s'y trouvaient, et telle est la sûreté de sa mémoire, que lorsqu'il adressait la parole à quelqu'un, c'est qu'il le voulait bien, car, en le regardant, il savait qu'il lui avait déjà parlé. Il avait pour les dames cette noble galanterie et cette prévenance qu'il tient de son grand-père, le roi Charles X. Il leur parlait avec la dignité d'un prince et l'aménité d'un homme du monde. A son arrivée, elles se levaient; mais dès qu'il avait fait le tour du salon, il les forçait de se rasseoir, et ne permettait pas qu'elles restassent debout par respect pour lui. A son arrivée, il était accompagné des officiers de sa maison; mais dès qu'il causait avec un des visiteurs, sa suite s'écartait et le laissait en tête-à-tête avec celui qu'il honorait de son attention. Quand la revue générale était faite, il passait de salon en salon, seul, pour revoir ses amis, et quand on ne le voyait pas venir, il écartait celui qui interceptait le passage, et recevait en souriant et avec bonté, les excuses d'une faute involontaire.

Pendant cette réception du 25, j'avais en face de moi, dans le corridor où j'étais venu chercher de l'air, un jeune ouvrier de Lille dont je regrette de ne pas savoir le nom. Il faisait partie de la députation du Nord, et avait tout au plus vingt-trois ou vingt-quatre ans. Le pauvre enfant était remarquable par son air modeste et enthousiaste, et par une jambe de bois qui attestait combien il avait déjà souffert. Il se cachait derrière les autres Français, et ne voulait pas attirer l'attention du Prince, quoiqu'il désirât bien vivement l'obtenir. Je devinai ses désirs en voyant son embarras, et quand M. le comte de Chambord voulut bien venir à moi, je pris la liberté de lui signaler ce serviteur si dévoué. Il alla aussitôt le chercher, s'entretint quelque temps avec lui, lui parla de ses intérêts, et laissa ce pauvre garçon heureux, touché et ravi d'une grâce qu'il n'espérait pas, et dont il n'eût pas douté sans son excessive modestie ou s'il eût connu tout ce que Dieu a mis de bonté dans le cœur du prince.

Au milieu de toute cette foule, le noble visage de M. le comte de Chambord s'épanouissait et rayonnait de joie et de bonheur. Il se croyait en France quand il était entouré de tant de Français, et il lui semblait, oubliant qu'il était sur la terre étrangère, que l'air si doux de la patrie arrivait jusqu'à lui. Nous oubliions aussi, de notre côté, que nous étions loin de notre pays et l'illusion qui charmait M. le comte de Chambord nous gagnait tous. Un instant, du moins, prince et serviteurs, nous étions sous le charme d'un rêve délicieux. Puisse Dieu jeter un regard de clémence sur ce royaume, livré depuis soixante ans à de si cruelles agitations, et changer le songe en réalité!

Les audiences demandées au Prince étaient inscrites par M. Barande, qui les lui soumettait ensuite et prenait ses ordres. L'audience accordée, on recevait la lettre qui indiquait le jour et l'heure. On arrivait, on était introduit par M. le marquis de La Ferté ou par M. le comte Fernand de La Ferronnays, suivant le tour de ces dévoués serviteurs, qui rivalisaient de soins, de prévenances et d'attentions pour les visiteurs, et l'on était introduit chez M. le comte de Chambord avec qui l'on restait en tête-à-tête, et auquel on parlait avec d'autant plus de franchise et de liberté que personne plus que lui n'aime et n'entend qu'on soit franc et sincère; il écoutait avec attention, faisait ses observations, et répondait sur-le-champ si la réponse pouvait suivre la demande. Si la requête était de nature à demander de la réflexion, il ajournait sa décision, mais elle ne tardait pas à être donnée, et quand on la recevait, on remarquait avec reconnaissance que la question avait été sérieusement étudiée par le Prince à qui on l'avait soumise.

La vie du Prince était incroyable. Les dix-huit heures de sa journée étaient employées à recevoir, à causer, à écouter ceux qui avaient à lui parler des intérêts de la France, et toujours ou presque toujours debout, jamais la fatigue ne semblait altérer ces traits si nobles et si beaux, cette physionomie si imposante et si expressive. Le bonheur qu'il éprouvait lui donnait de nouvelles forces, et ayant à discuter les plus graves intérêts, il puisait dans son énergie tout ce qu'il lui fallait pour conduire à bien de si rudes travaux. Dieu a fait de grands rois pour le bonheur de la terre, il n'en a jamais fait de plus grand que M. le comte de Chambord. C'est l'enfant de sa prédilection, c'est le trésor qu'il réserve à la France pour guérir toutes les blessures faites par l'anarchie.

Parmi les personnages de haute distinction arrivés contre leur gré dans les derniers jours, nous ne pouvons oublier M. le duc de Valmy. On connaît le dévouement de M. de Valmy à la cause royale, les luttes qu'il a soutenues dans la presse et à la tribune, sa haute intelligence et la rectitude de son esprit. Toujours à l'avant-garde, toujours sur la brèche, il a servi la France avec distinction dans la diplomatie, il la sert encore aujourd'hui en servant le Roi, et son dernier écrit : *Du droit de la force et de la force du droit*, est un véritable monument de logique, de talent et de lucidité. M. le comte de Chambord l'accueillit avec l'affection qu'il lui a vouée et la confiance dont il honore si justement le serviteur loyal que les fatigues de la tribune et des travaux parlementaires ont éloigné de nos assemblées, où la juste admiration des électeurs ne peut manquer de le rappeler.

Le 26, le Prince fut dîner à Biberich, chez le duc de Nassau, avec les personnes de sa maison, et l'accueil fait constamment par le grand-duc à M. le comte de Chambord, est un démenti complet donné à certains récits mensongers. Suivant quelques feuilles révolutionnaires, le grand-duc aurait été embarrassé de la présence du Prince dans ses Etats, et il n'aurait pas eu pour le chef de la maison de Bourbon, pour l'héritier du plus grand nom que le monde connaisse, les égards que les princes se doivent entre eux. Les faits ont prouvé combien de pareilles calomnies sont ridicules. L'esprit de parti ne devrait jamais aller jusqu'au mensonge. Nous avons rapporté que lors de l'arrivée du Prince, le grand-duc de Nassau n'était point dans ses États. M le comte de Chambord était arrivé depuis quatre jours à Wiesbaden, lorsque le grand-duc revint d'une excursion qu'il avait faite au dehors, et son premier soin fut de venir de Biberich, sa résidence d'été, pour rendre visite au prince. Il fut rempli de soins, d'égards et d'intentions pour son royal hôte, et mit à sa disposition son palais de Wiesbaden, résidence magnifique. Le Prince, tout en remerciant le grand-duc et en déclinant cette offre si franche, fut touché de cette gracieuse initiative, et le dîner du 26 août, offert par le grand-duc et accepté par M. le comte de Chambord, est une nouvelle preuve des sentiments d'estime et d'affection qui unissent les deux princes.

Le grand-duc de Nassau est un jeune souverain, digne du rang qu'il occupe. Il a eu sa part des désordres de 1848; mais la sédition a été apaisée, et aujourd'hui le duché de Nassau, si riche par lui-même, a retrouvé le calme et la prospérité qui sont sa vie ordinaire. Tout y sent le bien-être que les habitants trouvent dans la haute sagesse et la paternelle administration de leur prince. Les troupes y sont bien tenues, bien disciplinées, les officiers sont affables comme le reste de la population, et l'artillerie se distingue par une justesse de tir fort remarquable.

Ce dîner n'empêcha pas M. le comte de Chambord de revenir pour la réception du soir. Les dîners allemands ne se font pas à une heure aussi avancée que les repas français, le Prince, qui n'avait plus que quelques jours à rester avec nous, ne voulait pas plus que nous perdissions une minute de sa présence, qu'il ne voulait rester éloigné de ses amis. M. le comte de Chambord avait fixé primitivement son départ au 29 ; mais quand il sut que de nouveaux Français étaient encore en route et venaient le trouver, il décida qu'il resterait jusqu'au 31 au matin, en regrettant de ne pouvoir prolonger plus long-temps son séjour.

Le mardi 27, il n'y eut pas de réception générale. La journée fut employée à recevoir, à midi et à six heures, ceux qui étaient arrivés dans la journée. Le reste du temps fut consacré aux audiences particulières, qu'il fallait accumuler à cause du prochain et triste départ de Monsieur le comte de Chambord.

Le mercredi, le prince eut encore, le matin, des audiences particulières, le soir fut consacré à la réception générale. Le bruit de la mort de Louis-Philippe commença à se répandre, et sans qu'on eût encore aucune certitude à cet égard, ce bruit paraissait prendre quelque consistance, surtout d'après une lettre récente de Paris, qui annonçait que dans l'état déplorable d'affaiblissement où se trouvait le chef de la maison d'Orléans, ce n'étaient plus des mois, mais des jours, et peu de jours qui lui restaient. Ce bruit vint d'une manière singulière. A la poste, un Anglais reçut une lettre de Londres, l'ouvrit, la parcourut, prononça le nom de Louis-Philippe, et laissa échapper une exclamation de surprise. Un Français qui était présent, questionna cet étranger, ou plutôt essaya de le questionner, car l'Anglais ne savait pas le français, et le Français ne savait pas l'anglais. Mais, dans les postes allemandes, il y a des employés qui parlent toutes les langues. Ils les parlent

6*

avec plus ou moins d'étendue ou de correction, mais enfin ils les parlent. Nous ne disons pas cela pour l'employé des postes de Wiesbaden, jeune homme de mérite et de distinction. Cet employé prit la lettre que l'Anglais lui tendait, et répondit qu'elle annonçait la mort de Louis-Philippe.

Le jeudi 29, le *Journal de Francfort*, reçu à Wiesbaden, annonça de son côté cette mort, d'après le *Globe* de Londres. Les journaux de Paris, qui étaient ceux du mardi 27, c'est-à-dire faits le lundi 26, jour où il n'y a pas de courrier de Londres, étaient muets comme la veille. Dans la journée, le Prince reçut la confirmation de cette triste nouvelle, et sur-le-champ, il commanda pour le lendemain 30, une messe en noir, qui fut dite, sur sa demande, par M. l'abbé Godefroid, du petit séminaire d'Orléans, ecclésiastique d'un haut mérite et l'un des visiteurs de Wiesbaden. En même temps, nous fûmes prévenus dans nos hôtels, que M. le comte de Chambord désirait que nous assistassions tous à ce service pour le repos de l'âme de son parent.

Cet ordre du Prince ne pouvait nous surprendre. Personne ne pousse plus haut que les princes de la maison de Bourbon, l'esprit chrétien; personne ne suit plus scrupuleusement les traditions de famille. Les vertus sont familières à ceux qui sont toujours visités par l'esprit de Dieu, et qui mettent la charité au-dessus des passions humaines.

La conduite tenue dans cette circonstance par M. le comte de Chambord, avait déjà été pratiquée par lui, en 1842, comme par son auguste famille.

M. le duc d'Orléans mourut le 13 juillet 1842, d'une manière subite et inattendue. Le télégraphe ne fit connaître cette catastrophe aux départements, que le 14 au matin. Quand la dépêche arriva à Strasbourg, elle fut envoyée sur-le-champ, par un courrier extraordinaire, à M. le prince de Metternich, et elle arriva à Vienne le 17. En la recevant, et après avoir pris seulement le temps de la lire, M. de Metternich l'envoya, par un nouveau courrier, au roi Louis XIX (M. le comte de Marnes), qui était à Kirchberg, distant de Vienne de vingt lieues. M. le comte de Marnes la reçut le 18, et à l'instant même, il commanda une messe en noir pour le 19. A la fin de cette messe, et au moment de la communion, le roi Louis XIX, la reine, fille de Louis XVI, et MADEMOISELLE, qui n'était encore ni princesse de Lucques, ni duchesse de Parme, s'approchèrent de la sainte Table, et communièrent à l'intention du prince si déplorablement enlevé à sa famille.

Mgr le duc de Bordeaux était à Prague, d'où il devait se rendre à Tœplitz pour compléter la guérison de la chute si dangereuse qu'il avait faite l'année précé dente. Au moment où il apprit la nouvelle de la mort de M. le duc d'Orléans, des musiciens allaient lui donner une sérénade. Il la contremanda ; puis se tournant vers ses officiers, il leur dit avec âme et simplicité :

« —Messieurs, allons à l'église prier pour mon cousin. »

Il n'y avait donc rien de surprenant à le voir en 1850 prier pour le père comme il avait prié pour le fils en 1842.

Le vendredi 30, nous étions tous réunis avant neuf heures, devant le portail de l'église, attendant le prince. Hommes et femmes, tout le monde était en noir, et dans les groupes, pas un mot ne fut prononcé qui pût ôter à cette réunion le caractère imposant et solennel qu'elle devait avoir. La voiture de M. le comte de Chambord déboucha à l'extrémité de la rue, et sur-le-champ la haie se forma des deux côtés. Il descendit ; son air était noble et digne, sérieux et imposant. Il n'y avait sur ses traits aucune affectation de fausse douleur, mais l'expression franche d'un sincère regret. Il passa au milieu de tous ces fronts découverts et respectueusement inclinés, et entra le premier dans l'église où nous le suivîmes. Il était accompagné de M. le duc de Lévis, de M. le marquis de Pastoret, de M. le marquis de La Ferté, de M. le comte Fernand de La Ferronnays, de M. Barande et de M. le vicomte de Monti de Rézé.

M. le comte de Chambord se plaça sur le premier banc, sans autre distinction que le coussin de velours mis à ses pieds. L'eau bénite lui fut présentée par le prêtre, puis la messe commença, après que l'officiant eut salué l'autel et salué ensuite le prince. L'attitude de l'assemblée était, comme celle de son Chef, digne de la circonstance qui réunissait dans un même sentiment de prières et de commisération chrétienne, et le prince, qui avait si cruellement souffert des évènements de 1830, qui en souffrait encore, et ceux qui avaient combattu le régime dont le représentant venait d'être appelé par Dieu. L'autel était décoré avec goût et simplicité, et la cérémonie s'acheva dans un profond recueillement, comme elle avait commencé.

Une seule personne manquait à ce service. M. le comte de Salvandy, ne pouvant prévoir la triste nouvelle de cet évènement, était allé faire une excursion à Bade, et il ne rentrait à Wiesbaden que dans la matinée du 30. Quand il arriva, la cérémonie était finie. M. de Salvandy, dans la noblesse de son âme, l'élévation de ses sentiments et les souvenirs de sa reconnaissance, aura regretté, nous n'en doutons pas, de n'avoir pas assisté à cet acte religieux, où il aurait puisé un nouvel élan d'admiration dans l'attitude recueillie du Prince. Ce n'eût pas été une des choses les moins caractéristiques de notre époque, que d'entendre la même prière s'échapper des lèvres du prince dont la révolution de 1830 a méconnu les droits, et le ministre qui servait Louis-Philippe au moment de sa chute. Dieu, pour l'instruction des hommes, se sert de tous ces rapprochements que sa sagesse prépare. Il concilie, quand il le veut, ce qui paraissait inconciliable.

Lors de son arrivée, M. de Salvandy fut reçu par M. le comte de Chambord, qui le retint à dîner et eut avec lui un nouvel et long entretien.

A quatre heures, M. le comte de Chambord nous reçut pour la dernière fois : triste réception, réception douloureuse que celle où un noble prince se sépare de ses amis dévoués, leur donne congé et leur fait ses adieux. Mais cette journée devait être marquée d'un signe fatal et, commencée par la tristesse, devait s'achever par les regrets. Notre empressement à arriver fut grand, mais il avait son caractère particulier. Ce n'étaient plus les visages heureux et épanouis des autres jours. Sur tous ces traits, il n'y avait plus de traces de la joie ordinaire ; il n'y avait plus rien de cette expansion toute française, qui donne tant de vie et d'animation à nos réunions. On arrivait en silence, on se saluait et on attendait.

Quand le prince parut, un frémissement général parcourut la foule. On le suivait des yeux avec cette anxiété qui rappelle si bien les douleurs de famille au moment d'une séparation qu'on trouve cruelle, tout en reconnaissant qu'elle est nécessaire et que rien ne peut plus la retarder. Mais de même qu'on cherche à éloigner le fatal moment, qu'on dispute au temps les dernières minutes qu'il accorde, de même on essayait de tromper sa douleur en se rapprochant le plus qu'on pouvait de l'idole qu'on allait perdre. Ce sentiment général augmenta encore l'émotion que le Prince éprouvait lui-même, et ce fut avec difficulté qu'il parvint à la comprimer un peu : mais à travers cette tranquillité qu'il essayait de faire prévaloir, les agitations de l'âme dominaient toujours.

Il avait mené, pendant trois semaines, une vie bien active, bien fatigante. Jamais, de lui-même, il ne songeait au repos, à la distraction, nécessités cependant par le besoin de reprendre des forces : et quand, parfois, ses nobles serviteurs, inquiets pour une santé si précieuse, voulaient lui conseiller un repos momentané :

« —A quoi bon, disait-il en riant, je suis si heureux, que mon bonheur me délasse ! »

Parmi les personnes arrivées le matin, se trouvait M. Eugène Guinot, venu de Bade pour voir le Prince. Homme de goût et d'esprit, M. Eugène Guinot était plus qu'un autre en état de juger celui qu'il ne connaissait que par des récits où la vérité n'a pas toujours été respectée. Il a reçu de M. le comte de Chambord l'accueil qu'il devait attendre d'un prince qui connaît tous les hommes de mérite de la France. M. Eugène Guinot a publié ses impressions, et nous n'osons pas le louer, quelle que soit notre amitié et notre estime pour lui, précisément parce qu'il s'est montré juste et équitable. Nous reproduirons plus loin cette appréciation, d'autant plus importante, qu'à part l'autorité dont M. Eugène Guinot jouit en littérature, elle émane d'un homme que la conviction seule des vrais intérêts du pays rattache au Roi et à sa cause, qui est celle de la France.

M. le comte de Chambord parcourut les salons, parlant à chacun, ayant un mot de bonté pour tous les services, pour tous les dévouements, et semblant encore redoubler de bienveillance, comme pour essayer d'adoucir la tristesse de ce dernier moment; puis, quand il eut vu indistinctement tous ses amis, il nous fit réunir en masse et s'avança au milieu de nous. Comme on s'écartait par respect, il s'écria : « Serrez-vous... serrez-vous autour de moi.... tout près.... bien près... »

Le vide se combla aussitôt, et le Prince, d'une voix à la fois ferme et émue, prononça les paroles suivantes :

« — Messieurs, je ne vous dis pas adieu, mais au revoir ! »

Dès ces premiers mots, il fut interrompu par un immense cri de : Vive le roi !

« — Je vous remercie tous d'avoir quitté vos familles et vos affaires pour venir auprès de moi! »

(Une nouvelle interruption eut lieu.)

M. le comte de Chambord continua :

« — J'ai parlé à beaucoup d'entre vous, j'ai fait connaître mes intentions.... j'ai indiqué la ligne qu'il fallait suivre.... j'ai dit quelles étaient les personnes qui avaient ma confiance! Soyez fermes, inébranlables sur les principes... »

A ces mots, dits d'une voix ferme et toute royale, les cris redoublèrent.

Il reprit :

« — ...... Soyez fermes, inébranlables sur les principes, conciliants envers les personnes.

» Celui que vous regardez comme votre chef..... que vous appelez votre roi... »

« — Oui, oui, répondirent tous les cœurs: VIVE LE ROI ! » Devant ces preuves si réitérées d'amour et de dévouement, devant ces exclamations enthousiastes, la fermeté du prince faiblit. Il s'arrêta pour dompter son émotion, et dit d'un ton qui partait de l'âme :

— Et qui, je puis le dire, est votre meilleur ami...»

(Les cris de vive le roi! continuèrent.)

» — .... Celui-là vous donnera toujours l'exemple de cette conduite.

» Dites à nos amis, dites à tous ceux que vous verrez, que si jamais la société.... si la France était en péril, et qu'elle eût besoin de moi, je serais heureux et fier d'accourir pour la défendre et la sauver... avec vous tous.

» Au revoir donc, mes amis... à bientôt. »

Ces derniers mots furent à l'instant couverts par de nouvelles acclamations, par le cri que la France poussa pendant huit siècles et qui fit sa gloire et sa grandeur, par le cri qui gagnait des batailles, forçait des villes, et rendit la France la première et la plus grande des nations. Puis, comme le prince se retirait, on se précipita vers lui. C'était à qui lui saisirait les mains, à qui les baiserait avec transport, et un dernier cri de *Vive le roi!* coupé par les larmes qui tombaient de tous les yeux, salua la rentrée d'Henry V dans ses appartements.

Tout était dit, et la foule s'écoula en silence, triste de cette séparation, heureuse de ce langage énergique qui attestait la fermeté de M. le comte de Chambord. La ligne à suivre, donnée pendant tout le voyage, recevait une consécration solennelle. L'équivoque n'était plus permise, et la direction à recevoir avait ses chefs, auxquels désormais il faut obéir, sous peine de désobéir à celui qui a le droit de commander.

Il faut avoir vu et entendu M. le comte de Chambord pour comprendre la dignité si imposante de sa personne et l'autorité de ses paroles. Dans ces moments où il fait acte de souveraineté, où il signifie sa volonté à ses serviteurs, il exerce une influence irrésistible, il est roi de la tête aux pieds. Son regard, si vif et si pénétrant, s'anime d'une nouvelle flamme, le son de sa voix commande, et cette voix a une accentuation qui révèle la noblesse de l'origine de celui qui parle.

Si nous gardons de ce voyage si fertile en grands résultats, et qui nous ouvre une ère nouvelle, d'impérissables souvenirs, le Prince en emporte, de son côté, qui lui rappelleront l'amour qu'il inspire.

D'incessants hommages lui furent adressés, et parmi les plus touchants, nous devons citer celui de M. le vicomte Edouard Walsh.

M. le vicomte Walsh est un des vétérans de la presse, et l'on connaît ses luttes, ses sacrifices et les persécutions qu'il a subies en défendant le drapeau qu'il portait si haut dans la mêlée. S'il ne compte plus aujourd'hui, à notre grand regret, parmi les écrivains restés sur la brèche, il nous appartient toujours par le cœur. Issu d'une famille jacobite venue en France, il y a cent soixante ans, à la suite de Jacques II, il a tenu à conserver pure et intacte la devise donnée par Louis XIV aux Irlandais, en 1692 : « *Semper et ubique fideles* » (toujours et partout fidèles), devise que Louis XVIII fit refleurir, en 1815, pour le 10ᵉ de ligne. Ce que les ancêtres de M. Walsh ont fait pour les Stuarts, il l'a fait pour les Bourbons

Directeur de *la Mode*, nul ne fut plus ardent, plus royaliste que lui. Quand le sort des armes trahit les royalistes espagnols, en 1839, et força le roi Charles V de se réfugier en France, ce fut M. Walsh qui organisa la souscription destinée à donner du pain à ces martyrs de la fidélité. C'est encore lui qui, en 1843, eut l'idée d'élever, à Saint-Leu-Taverny, un monument à la mémoire du dernier des Condés, et les royalistes répondirent à son appel.

Il acheta le terrain, et la souscription couvrit les frais du monument. Sans cette croix élevée à la place même où le prince de Condé fut trouvé mort, il n'y aurait pas une pierre en France qui rappelât la gloire et les malheurs de cette famille héroïque.

Ce terrain, M. Walsh en a fait hommage à M. le comte de Chambord, qui l'a accepté, et désormais il appartiendra au petit-fils de saint Louis.

Le Prince a couronné sa dernière journée par une œuvre de bienfaisance. Le besoin de répandre la charité est chez lui un défaut de famille, et, par ses ordres,

M. Barande a remis une somme considérable pour les pauvres et les familles souffrantes de Wiesbaden, sans acception de culte.

Nul n'est plus digne de servir M. le comte de Chambord que M. Barande. Esprit sérieux et bienveillant, élève de l'École polytechnique, M. Barande fut appelé par le roi Charles X aux fonctions de précepteur de M. le comte de Chambord, et la haute intelligence du royal élève atteste la science du maître. Bon et patient, M. Barande, quoique accablé d'occupations, était toujours empressé de répondre aux demandes qui lui étaient faites, et qu'il soumettait au Prince. Il a cette rare facilité, qui permet de répondre à chacun dans sa langue. Venait-il un Allemand, venait-il un Anglais, ces étrangers n'avaient pas besoin d'interprètes. Je ne sais, en vérité, de quel pays on eût pu arriver, sans trouver M. Barande prêt à s'expliquer dans le dialecte dont on se serait servi.

La même obligeance se rencontrait chez M. le vicomte de Monti de Rézé, fils d'un ancien officier supérieur des gardes-du-corps, officier lui-même, depuis longues années, de la maison de M. le comte de Chambord, et dont tous les visiteurs eurent à louer l'obligeance et les soins dont il les entoura.

Le 28 août, Mme la duchesse de Lévis arriva de Paris à Wiesbaden, venant rejoindre son mari, pour retourner avec lui à Frohsdorff, où elle remplit, auprès de Mme la comtesse de Chambord, les hautes fonctions que M. le duc de Lévis remplit auprès du Prince. Aussi illustre par son mérite et sa distinction que par sa naissance, Mme la duchesse de Lévis est l'heureuse intermédiaire des grâces que Mme la comtesse de Chambord répand sur tous ceux qui l'implorent.

Madame la duchesse de Lévis était accompagnée de son neveu, le vicomte Raymond de Nicolaï, fils du marquis Théodore de Nicolaï, ancien pair de France, jeune homme voué, comme tous les siens, au culte du malheur. C'est M. Raymond de Nicolaï qui fut choisi par M. le comte de Chambord, en 1846, pour accompagner M. le duc de Lévis à Modène, lorsque celui-ci s'y rendit, chargé de demander pour le prince, l'archiduchesse Marie-Thérèse-Béatrix, et qui eut l'honneur d'être le témoin désigné pour le mariage par procuration.

Le dernier jour passé à Wiesbaden fut attristé par un épouvantable malheur. Un des visiteurs venus pour offrir leurs hommages à M. le comte de Chambord, royaliste dévoué, M. le vicomte de Bec-de-Lièvre, sans que rien chez lui fît prévoir une maladie, fut tout-à-coup saisi d'une fièvre cérébrale, et emporté en deux jours. Cette mort soudaine causa d'unanimes regrets, mérités à la fois par le noble caractère de M. de Bec-de-Lièvre, et par l'imprévu de cette catastrophe. Au milieu de tous les Français réunis dans le duché de Nassau, ce fut la seule perte qu'on eut à regretter, mais elle était grande.

M. de Bec-de-Lièvre était venu avec son fils. Quand la maladie se déclara, le pauvre enfant était en excursion à Francfort, et il fallut l'attendre au débarcadère pour le préparer à cette nouvelle, à laquelle il refusait de croire. Dire sa douleur en ce moment, son empressement à courir auprès d'un père adoré, et son désespoir quand il le perdit, seraient chose impossible. Il y a de ces chagrins qui se sentent et qui ne s'expriment pas. La parole est insuffisante pour de si terribles coups, et si quelque chose put adoucir les regrets du jeune orphelin, ce fut la sympathie qu'il trouva chez le Prince. Le cœur de M. le comte de Chambord est si noble et si bon, qu'il ressent les douleurs de ses amis, et que, lorsqu'un malheur de famille frappe un de ses serviteurs, il est sûr de trouver dans l'âme du Prince l'écho de ses propres regrets.

Des Français avaient eu l'idée, avant de s'éloigner de Wiesbaden, de faire une adresse au grand-duc de Nassau, pour le remercier de l'hospitalité qu'il nous avait accordée. A peine cette pensée fut-elle émise, qu'elle obtint l'assentiment général; mais lorsqu'on voulut la mettre à exécution, il se trouva que la démarche était faite.

M. le comte de Chambord, que nul ne peut devancer quand il s'agit d'une idée généreuse, avait écrit lui-même au grand-duc, et comme il eut la bonté de le dire, il avait écrit au nom de tous. Le grand-duc, de son côté, s'était empressé de répondre au Prince. Dans cette réponse, Son Altesse Royale remerciait M. le comte de Chambord d'avoir bien voulu choisir ses États pour y résider quelque temps ; et il ajoutait qu'il remerciait aussi les Français venus à Wiesbaden, de l'attitude digne et réservée qu'ils avaient constamment montrée.

Nous n'avions plus rien à faire. Nous étions trop heureux que notre Prince, dans sa sollicitude pour nous, eût daigné se charger d'exprimer nos sentiments; mais il nous restait à conserver une profonde reconnaissance pour le prince qui, en nous ouvrant généreusement ses États, nous avait rapprochés de M. le comte de Chambord, et le grand-duc de Nassau peut être certain que nous serons aussi fidèles à cette reconnaissance que nous le sommes à nos convictions ; c'est dire que cette gratitude sera éternelle.

Parmi les personnes qui, au début du voyage, eurent l'honneur de voir les premiers le Prince, se trouvait M. le comte de Lostanges, qui avait amené son fils Raoul, enfant de quatorze ans. M. le comte de Lostanges est un ancien officier des lanciers de la garde royale, et un des énergiques défenseurs de la Royauté en 1830. M. le comte de Chambord lui fit l'accueil dû à ses services, et embrassa avec effusion le jeune Raoul, qu'il retint à déjeuner. Il est peu de joies qui puissent se comparer à celle de ce jeune et déjà si dévoué royaliste. Il était justement fier de cette faveur inespérée, et fier encore de l'avantage qu'il avait d'être le premier enfant présenté.

On verra dans la liste des noms publiés à la fin de cet ouvrage, que d'autres enfants furent encore amenés par leurs nobles pères, pour faire acte de dévoûment et de fidélité, souvenirs précieux qui ne s'effacent jamais. Nous citerons, entre autres, les deux fils de M. le marquis de Vibraye, charmants enfants, pleins de grâce, de franchise et d'esprit, qui continuent l'illustration de leur famille et mettent de bonne heure en pratique la vieille devise française : « Noblesse oblige. »

Dans ce voyage, je n'ai rencontré personne dont la conversation fût plus attachante que celle de M. de la Villatte, brave et ancien officier de cette garde royale dont on ne peut parler sans que le cœur vous batte au souvenir de son héroïsme. M. de la Villatte a long-temps été auprès du Prince, et il est venu du fond de l'Auvergne avec un de mes anciens camarades, M. Thévenot, habitant, comme lui aujourd'hui, de Clermont, pour voir M. le comte de Chambord comme il était allé le voir à Belgrave-Square. C'est du Prince que

M. de la Villatte parle toujours, et il en parle avec l'amour d'un père et le dévoûment d'un serviteur profondément attaché. Il raconte avec un charme indicible l'enfance de M. le comte de Chambord, et cet esprit français qu'il manifestait dès ses premières années.

M. le comte de Chambord pousse à l'excès l'amour de la France; pour lui c'est un culte, une idolâtrie. Il ne voit rien, non-seulement au-dessus de la France, mais rien qui puisse lui être comparé ; et M. de la Villatte a, à ce sujet, des anecdotes qui se rattachent à tous les instants. M. le comte de Chambord n'avait pas de plus grand bonheur, avant 1830, que d'être au milieu de la garde royale, que de s'entourer de braves soldats et d'admirer la précision de leurs manœuvres : et quand, plus tard, il fut condamné à ne plus voir que des troupes étrangères, si bien disciplinées, si bien exercées qu'elles fussent, il s'écriait qu'elles n'approchaient pas des troupes françaises. Il s'emportait dans son ardeur, et ne demandait qu'une compagnie de voltigeurs français pour bouleverser tout un bataillon étranger.

Cet esprit national n'a fait que se développer à mesure que le prince a grandi, et aujourd'hui, l'homme a le même amour et le même orgueil que l'enfant, plus la raison et la réflexion, qui mûrissent les idées et donnent le fruit d'après le germe qu'on a planté.

Nous avons dit combien il tenait peu à la régularité du costume, aux lois de l'étiquette, et nous avons cité la réponse qu'il fit à un ouvrier de Paris qui s'excusait de paraître devant lui dans une tenue négligée, sa malle s'étant égarée au chemin de fer. Voici un autre exemple du peu d'importance que le prince attache à l'habit. Comme il le dit, c'est au cœur qu'il regarde.

Un autre officier de la garde royale, M. le comte Ambroise de Carné, encore un de ces cœurs d'or comme il en faut pour servir la Royauté, ne put arriver que le 30, et, dans son empressement, il vint à l'hôtel du prince dans son costume de voyage, tout couvert de poussière, non pour voir M. le comte de Chambord, ainsi vêtu, mais pour dire à M. le marquis de Pastoret : « Me voilà. » Le prince entendit annoncer cette arrivée, et s'écria : « Comment ! Carné est là et il n'entre pas ! »—Et comme on objectait qu'il s'était excusé sur le négligé de sa toilette : — « Eh bien ! répondit M. le comte de Chambord, puisqu'il ne veut pas venir, je vais aller le chercher. » — Et il vint le prendre par la main, le força d'entrer, et le reçut avec toute l'aménité, toute la bienveillance que méritent les services de M. de Carné et cette fidélité dont il ne s'est jamais départi.

Le 31 août, le Prince devait partir à six heures

et demie du matin, par le premier convoi de Francfort. Une heure avant son départ, tous les Français étaient réunis pour le voir une dernière fois, avides de jouir encore, ne fût-ce qu'un moment, du bonheur qui leur est le plus cher. Échelonnés depuis l'hôtel Duringer jusqu'à l'embarcadère, ils attendaient respectueusement, lorsque M. le comte de Chambord, ayant su leur présence, renvoya sa voiture et sortit à pied pour se rendre au chemin de fer. La haie se forma sur son passage, et à mesure qu'il avançait, la foule le suivait; le Prince attendit ainsi l'heure du départ, et se promena au milieu de ses amis. Pas un mot ne fut prononcé de part et d'autre, le cœur était serré; c'étaient de mutuels regrets. Enfin, la cloche retentit, M. le comte de Chambord prit place dans la voiture qui lui était réservée, le signal fut donné, la locomotive lança ses jets de fumée, le convoi prit son élan, et un dernier témoignage de respect et d'affection sépara les serviteurs désolés du Prince attristé, mais plein d'espérance, qui leur a dit, non pas adieu, mais au revoir !

Ainsi finit ce voyage, qui laissera de si longs souvenirs, et qui aura un si grand retentissement ; ainsi s'interrompit cette communication, cet échange d'idées, qui eurent lieu pendant trois semaines, ce bonheur qui ut si court, et qui devrait être éternel. De ce voyage ressortira l'amour des Français pour le Prince, l'amour du Prince pour la France, une idée exacte du haut caractère, de la profonde intelligence, de la nature d'élite de M. le comte de Chambord, et la certitude, que personne ne peut nier maintenant, qu'il agit et pense par lui-même, et qu'il est digne du rang que Dieu lui a départi. Une direction sage et raisonnée, prudente et ferme, une union solide, une discipline forte et réglée, tels sont les fruits que les royalistes auront recueilli de ce voyage, et qu'ils devront à la sagesse comme à l'autorité du Prince. M. le comte de Chambord a été jugé par des hommes prévenus, qui ont avoué les fausses idées qu'ils s'étaient faites de son caractère, et qu'il a ramenés en les convaincant que cette supériorité qu'on lui donnait était réelle. Des ouvriers l'ont vu, ont causé avec lui, et savent quel intérêt il porte à la situation des classes laborieuses. Si leurs souffrances ne peuvent pas être entièrement éteintes, si l'impossible n'est pas donné à notre Prince, du moins ils savent comment il entend améliorer leur position et leur donner toute la somme de bien-être qu'ils ont le droit de réclamer. Ses idées, à lui, ne sont pas chimériques; ses promesses ne sont pas de ces engagements frivoles que l'on prend pour tromper, dont on se fait un progamme, et qu'on oublie ou qu'on déchire ensuite.

Esprit sérieux et réfléchi, homme probe et loyal,

le Prince connaît sa force et sa puissance; il sait ce qu'il doit dire, et il tient ce qu'il dit. Il sait que son retour serait, comme fut le retour du Roi son oncle, le signal de la naissance de l'ordre et de la prospérité. Il sait que la France a soif d'autorité, et cette autorité qu'elle cherche, il la lui donnerait. Il sait que la France a besoin de confiance, et cette confiance, il l'apporterait avec lui. Un pays ne peut vivre sur un terrain mouvant qui lui échappe à chaque instant, et depuis deux ans, c'est là cependant la vie de la France. Elle espère, elle attend, elle s'épuise, elle aspire à trouver un port de salut. L'honorable M. Vésin lui a dit où était ce port, où était cette ancre qui doit amarrer solidement au port un vaisseau trop long-temps battu par la tempête.

Dans la droiture de son cœur, M. Vésin n'a point dissimulé ses préventions. Il n'a pas dissimulé davantage le changement qui s'était fait en lui. Il a dit quelles avaient été les opinions de son père; quelle route il avait lui-même suivie, la croyant la meilleure, la plus utile pour son pays; puis il est arrivé à révéler comment le jour lui était apparu. Ce témoignage, émané d'un homme impartial, d'un homme qui n'est arrivé à l'amour que par la conviction, aura le retentissement que lui donne l'autorité d'une semblable parole.

Ce n'est point ici le dévoûment chevaleresque d'un autre âge qui parle, l'affection innée qui s'exprime, le fanatisme monarchique, si l'on veut, l'idolâtrie pour un homme ou pour un principe ; c'est le raisonnement froid et calme d'un esprit qui s'échauffe devant les beautés que la nature lui révèle, et qui, parti comme le premier navigateur pour découvrir une terre inconnue, dit simplement : « J'ai vu le mal, j'ai cherché le remède et je l'ai trouvé. »

Ce voyage a eu ses contradicteurs. C'est tout simple. Les opinions qui nous sont opposées ne peuvent s'arranger d'un effet qui les refoule, qui les repousse, qui les fait rentrer à leur place. Convaincus de leur impuissance, dont la France est encore plus convaincue qu'eux, les hommes qui nous ont faits ce que nous sommes en ce moment, se proclamaient fastueusement, avant leur arrivée au pouvoir, les sauveurs du pays. On a laissé les géants se mettre à l'œuvre, on leur a cédé la place, on ne leur a opposé aucune résistance, on ne leur a fait aucune opposition, et quand on a regardé, on n'a plus aperçu qu'une troupe de pygmées qui s'agitaient dans le vide, détruisaient, entassaient ruines sur ruines, mais qui ne reconstruisaient pas.

Ne pouvant se nier à eux-mêmes l'importance et les résultats significatifs du voyage de Wiesbaden, ils ont essayé de le tourner en ridicule.

Ressuscitant des calomnies vieilles comme le temps, ils ont prétendu que l'on faisait des catégories à Wiesbaden. Ces mensonges tourneront contre leurs auteurs, sans avoir aucune action sur la population sage et laborieuse. Ses représentants sont venus ; ils ont parlé à M. le comte de Chambord ; ils étaient, comme tout le monde, aux réceptions, allant, venant, circulant à leur gré dans les salons, et coudoyant les hommes de la plus haute naissance et du plus rare mérite. Ils ont vu que, dans ces salons royaux, il y avait plus de véritable égalité que dans les salons républicains de 1848 ; que dans ces salons gouvernementaux d'où la garde nationale elle-même était bannie ; ils ont trouvé à Wiesbaden un accueil cordial, que ne leur faisaient pas leurs anciens amis, devenus des maîtres insolents au jour de la victoire ; ils ont compris qu'on s'était servi d'eux pour *tirer les marrons du feu*, mais qu'on leur en disputait leur part, et, désillusionnés, ils ont fait comme M. Vésin, ils se sont tournés vers l'étoile que Dieu leur envoyait pour les sauver. Leurs rapports simples et touchants prévaudront contre les ruses à l'aide desquelles on espère tromper encore une fois ce pauvre peuple qu'on a tant trompé.

D'autres ont été plus loin dans leurs fables. Nous sommes, depuis plus de cinquante ans, inondés de faux Louis XVII. Chacun se dispute le nom et les dépouilles du royal orphelin que la misère, la souffrance, la brutalité et les mauvais traitements ont fait périr prématurément dans la Tour du Temple. Dernièrement, on en a découvert un nouveau, qui s'est fait chef d'une tribu américaine. Mais les Louis XVII sont usés, et, comme il fallait passer à un autre genre de plaisanterie, on a inventé, à propos du voyage de Wiesbaden, un prétendant d'un nouveau genre. Ce n'est rien moins que le descendant d'un fils de Henry IV, né, après le divorce du roi, de ce prince et de Marguerite de Valois, mais conçu avant le mariage du Béarnais avec Marie de Médicis, et pour lequel on a ressuscité la péripétie des persécutions et de la disparition du prétendu *Masque-de-Fer*, sous Louis XIV. On l'aurait envoyé en Allemagne, dans la crainte qu'il ne fût empoisonné, et il y aurait vécu, il y serait mort obscurément. On a calculé ensuite que, depuis Henry IV jusqu'à nos jours, il y avait la valeur de huit générations, et, comme tous les descendants de ce fils d'Henry IV se sont nommés Henry comme leur père, nous aurions le bonheur de posséder Henry XII, quand nous ne sommes qu'à Henry V.

Ce n'est pas tout. Henry XII serait venu à Wiesbaden, disent les mêmes Galland, car on nous reporte aux contes des *Mille et une Nuits*, et il aurait réclamé son héritage, au milieu de la messe où les fidèles priaient *tout bas* pour le Roi. M. le comte de Chambord aurait pâli et aurait porté instinctivement la main *à sa plaque de Saint-Louis*.

Voilà à quelles inventions la presse rouge en est réduite. Il n'y a eu à Wiesbaden aucun fou venant se proclamer roi devant M. le comte de Chambord ; il n'y a pas d'Henry XII, Henry IV n'a jamais eu d'enfant de Marguerite de Valois, et M. le comte de Chambord, qui n'est pas homme à *pâlir*, n'a pas eu à porter la main à sa plaque de Saint-Louis, par une raison fort simple, c'est qu'il ne porte pas de décorations.

Ce prince, qui a tous les Ordres de France, conséquence naturelle de son rang, de sa naissance et de sa position, n'en place aucun et n'en a jamais placé aucun sur ses habits. Vêtu avec goût, mais avec simplicité, toujours en noir, il n'a pas besoin, pour être remarqué, d'avoir des signes distinctifs : la majesté de sa personne suffit pour faire reconnaître qu'il est au-dessus des autres. Il attend, pour reprendre ces marques extérieures, que le moment soit venu, et les conteurs de fausses anecdotes n'ont oublié qu'une chose, c'est que si, d'après leur imagination, M. le comte de Chambord portait la plaque d'un Ordre de France, ce ne serait pas celle de Saint-Louis, mais celle du premier de nos Ordres, *l'Ordre du Saint-Esprit.*

Il faut plaindre les gens qui, ne sachant comment attaquer ce qui est inattaquable, comment calomnier ce qu'on doit respecter, font assez bon marché de leur conscience pour descendre jusqu'aux tristes ruses du mensonge. Il nous semblait que la théorie de Basile avait fait son temps.

Du reste, cet acharnement est un triomphe, car il prouve qu'on a mesuré le danger et qu'on le trouve inquiétant pour les fausses idées. On a bien pu, par surprise, jeter la France dans une folle voie ; on a bien pu la détourner, en la trompant, du sentier qu'elle aurait toujours dû suivre ; on s'aperçoit qu'on n'a rien fondé, et que le moment approche où la France se réveillera. On ne parvient pas aisément à changer les goûts et les idées d'un peuple. Ces idées et ces goûts, qui ont pour base l'intérêt général bien compris, bien entendu, on ne les refoule pas comme on veut au fond de l'eau ; elles y reprennent un nouvel élan et remontent à la surface.

Le vieux proverbe aura toujours raison : « Les écus sont royalistes ; » et l'argent étant le nerf de la société, l'argent ayant besoin de la tranquillité et de la stabilité, dès que l'émeute éclate et se transforme en révolution, son absence arrête et paralyse tout. C'est en vain que les révolutionnaires lui font des agaceries, il s'obstine à rester à l'écart ; et comme nous ne sommes plus dans le temps où on battait monnaie avec l'échafaud, moyen qui, du reste, ne fit que hâter la ruine de la France, il en résulte qu'il faut compter avec ce malheureux argent, sans lequel on ne peut rien faire, et auquel l'univers est soumis. N'avons-nous pas vu, en 1848, Paris paralysé pendant quarante-huit heures, l'argent caché et les billets de banque sans escompteur. Ce souvenir en dit plus, contre la République, que tous les raisonnements du monde. Ces phénomènes-là ne se voient pas sous les Monarchies, parce que personne ne tremble, parce qu'on y jouit du présent et que l'on a foi dans l'avenir. La République n'a pu contracter un emprunt. On ne croit pas à sa durée, à sa force; elle tend ses coupons, et personne ne les prend. Son arrivée a fait tomber le trois pour cent à 33 francs, le cinq à 48 francs (c'était un intérêt de neuf et dix pour cent), et l'on ne trouvait pas d'acheteurs. Tout le monde voulait vendre, mais personne ne voulait acquérir, même à si bas prix. En 1830, la Restauration empruntait au-dessus du pair, à 102 1/2, et à quatre et demi pour cent d'intérêt seulement. Ces beaux jours peuvent revenir, ils reviendront même certainement; mais, pour cela, il faut que la France rappelle et restaure le principe qu'elle a follement combattu il y a vingt ans.

Aussitôt que le Prince fut parti, les royalistes partirent à leur tour. Qu'avaient-ils à faire désormais dans cette ville, déserte à présent, puisque l'idole qu'ils étaient venus chercher n'y était plus. Ils avaient hâte de rentrer en France, d'y rapporter les paroles de M. le comte de Chambord, d'y redire tout ce qu'ils avaient vu, et de consoler, par un récit fidèle, ceux qui, moins heureux, n'avaient pu venir à Wiesbaden.

Les bateaux à vapeur du Rhin furent bientôt encombrés, mais ce n'était plus la joie des premiers jours. Chaque sillon que ces bateaux traçaient sur le fleuve nous éloignait de notre prince, et, d'un autre côté, le train qui l'emportait l'éloignait de nous et de cette France, son idole et ses amours. C'est en vain que pour nous la rive déployait toutes ses magnificences et toutes ses coquetteries; le Rhin avait perdu toute sa magie; il cherchait des touristes, il ne trouvait que des serviteurs affligés, que rien ne pouvait distraire de leur douleur.

A Cologne, on se dit adieu, on se serra la main, et on se sépara en attendant de meilleurs jours. Les regrets furent sincères, parce que l'affection avait été cordiale; puis chacun prit une direction contraire. Les plus pressés prirent la voie la plus courte. Bientôt Aix-la-Chapelle, Liége, Malines, Bruxelles, Quiévrain disparurent derrière eux, et ils touchèrent cette terre de France qu'ils auraient revue avec plus de joie encore, s'ils n'y étaient pas rentrés seuls.

Telle est l'esquisse imparfaite de ce voyage, de cette magie que M. le comte de Chambord exerce sur ceux qui ont le bonheur de le voir. Pour un aussi grand prince, il faudrait un grand historien; mais Dieu ne m'a fait qu'un cœur fidèle. Ceux qui partagent mes convictions, seront assez indulgents pour me tenir compte de mon insuffisance : ils ne verront que le zèle qui m'a guidé. Le jugement des autres m'est indifférent.

J'ai été élevé dans les opinions que professaient mon père et ma mère. La reconnaissance a encore fortifié mes convictions. Je n'ai jamais connu qu'un principe, je n'ai qu'une croyance, j'ai marché dans une seule voie. Les opinions de l'enfant ont été celles de l'homme. Je n'ai trompé personne ; je n'ai point abandonné le soleil couchant pour me prosterner devant le soleil levant; et si ma voix n'a point d'autorité, on ne me reprochera, du moins, jamais d'avoir oublié mes devoirs. La République est venue, je ne l'ai point acclamée, je ne l'ai point reconnue; je suis resté ce que j'étais; j'ai vu ses fautes, j'ai espéré dans ses folies; j'ai creusé son néant, et j'ai eu foi dans le bon sens de mes concitoyens. Nous marchons vers un avenir d'où dépend le bonheur de la France. Nos luttes ne sont pas finies, parce que nous avons affaire à des ennemis tenaces et incorrigibles; mais les dangers seront moins grands, si nous sommes unis dans une même pensée. Quelque grands que soient les périls, ils n'effrayent pas les gens de cœur; mais, dans l'intérêt du pays, il faut tout faire pour les conjurer. Assez de sang a été répandu sans profit pour la France. Ce sang ne doit être versé que pour défendre et sauver la patrie, pour assurer sa gloire, son bonheur et son indépendance. C'est à cette pensée qu'il faut se rallier, c'est vers l'étoile de la France qu'il faut se tourner. Il faut oublier les haines, les discordes, et ne former qu'un faisceau. C'est le vœu le plus cher du Prince ; et si l'on dit : « Ce livre n'est pas d'un grand écrivain, » je serai heureux si l'on peut dire : « Il est d'un honnête homme ! »

OPINIONS DIVERSES

SUR

LE VOYAGE DE

MONSIEUR LE COMTE DE CHAMBORD.

La *Gazette de Cologne*, qui avait, dans le commencement, prétendu faussement que les Français présents à Wiesbaden mettaient le ruban de la croix de Saint-Louis à leur boutonnière avant d'entrer chez M. le comte de Chambord, assertion fausse, que nous avons démentie, la *Gazette de Cologne*, disons-nous, revenue à des idées plus justes, a publié dans son numéro du 17 août l'appréciation suivante :

« Le comte de Chambord se trouve toujours ici et reçoit les hommages de ses fidèles avec une patience qui n'est surpassée que par le zèle de ceux-ci. Chaque jour voit arriver de nouvelles cohortes de légitimistes. Le comte de Chambord reçoit deux fois par jour, à midi et dans la soirée, les personnes qui désirent lui être présentées. M. de Barande, son ancien précepteur, est chargé de recevoir les demandes d'audiences et les innombrables demandes de secours qui arrivent sans cesse. Ces demandes sont reçues sans distinction de rang. Les salons du comte de Chambord sont ouverts à l'ouvrier comme au grand seigneur. S'il était vrai que 500 à 600 ouvriers vont arriver ici, on ne peut manquer de voir les principes de la légitimité se répandre des plus hautes jusqu'aux plus basses classes. Nous croyons savoir que le Prince reviendra aussi l'année prochaine à Wiesbaden. »

Dieu seul sait où M. le comte de Chambord sera l'année prochaine. Nous vivons dans un temps où les choses se succèdent avec une telle rapidité, où les jours amènent des évènements si imprévus, des secousses si promptes et si subites, que l'avenir ne peut être deviné par personne.

Le *Journal de Francfort* du 19 août, a publié, de son côté, l'article que nous reproduisons :

« Francfort, 18 août.

» Nous n'avons pas eu hâte de parler du voyage de M. le comte de Chambord à Wiesbaden, et du concours de Français légitimistes venus auprès de lui. Il nous importait de connaître la signification de ces visites, que quelques-uns ont jugées avec une précipitation irréfléchie.

» Nous n'avons jusqu'ici rien appris et rien vu qui ne soit de la convenance la plus parfaite. M. le comte de Chambord est un prince sage et parfaitement éclairé, qui connaît son temps, et de qui on ne devait craindre aucune démarche inconsidérée.

» Quant aux hommes qui sont venus le visiter, la plupart sont connus pour la modération de leur caractère; plusieurs ont passé par les grandes affaires; d'autres prennent part au gouvernement de la République; tous sont intéressés à écarter les crises violentes et les réactions révolutionnaires.

» A la tête de ces visiteurs, nous citons M. Berryer, grand orateur de l'Assemblée des représentants, et qui vient de déployer une si grande capacité dans la double discussion du budget de 1850 et de 1851.

» M. le duc de Noailles, ancien pair de France, est connu pour la sagesse de ses idées et pour la gravité de sa conduite.

» M. le comte de La Ferronnays est fils de l'ancien ministre du roi Charles X, et il a hérité de sa droiture.

» M. le général de Saint-Priest est un ancien aide-de-camp et à la fois confident de M. le Dauphin, duc d'Angoulême, dont les idées étaient si pures et si modérées.

» M. le marquis de La Ferté est gendre de M. Molé, et ces deux noms dispensent de toute remarque et de tout éloge.

» Quant aux représentants qui sont venus à Wiesbaden, tous sont renommés pour leur expérience. M. de Vatimesnil était du ministère modéré de M. de Martignac, en 1828. M. Benoist d'Azy est un des plus grands industriels de France; il est vice-président de l'Assemblée des représentants. M. Chapot est secrétaire de cette Assemblée. M. Vésin est un ancien serviteur de la monarchie de 1830. M. le colonel Espinasse, M. de Larochejaquelein, M. Sauvaire-Barthélemy, M. Favreau, tous les autres sont recommandables par leurs lumières. Aucun de ces noms ne devait faire croire à la possibilité d'un congrès, comme on l'a dit, ou d'une conspiration publique ou secrète. M le comte de Chambord a reçu avec ces hommes politiques une multitude d'autres amis, qui appartiennent à toutes les positions de la société. Il y a à Wiesbaden des publicistes, des commerçants, des gentilshommes, des marchands, des ouvriers, et entre tous les Français l'accord est parfait : tous aspirent à voir la France heureuse et libre.

» Voilà ce que nous avons recueilli de plus précis sur le voyage qui occupe les journaux allemands. Nous sommes obligés de convenir qu'il n'y a là rien d'inquiétant pour aucun gouvernement. L'état de la France a été si mobile depuis longues années, qu'il est permis au parti légitimiste, et même aux autres partis de l'ordre, de se souvenir de la maison de Bourbon, qui a présidé, durant tant de siècles, au gouvernement de ce pays.

» Nous savons, au reste, que les hommes les plus considérables du gouvernement tombé en 1848, reconnaissent hautement aujourd'hui la nécessité pour la France de réunir sous le principe d'hérédité toutes les forces monarchiques du pays, et que, pour eux, toute la question est de savoir comment la France pourrait rentrer pacifiquement dans cet ordre politique. Nous ne sommes pas chargés de résoudre ce grand problème; mais l'Allemagne l'étudie de loin avec intérêt. »

Le *Journal de Francfort* ne s'est pas borné à parler une fois du voyage de M. le comte de Chambord. Ce voyage fini, il l'a résumé dans un second article que voici, et qui n'est pas moins remarquable que celui qui l'a précédé :

« Francfort, 1ᵉʳ septembre (numéro du 3).

» Le séjour que M. le comte de Chambord vient de faire à Wiesbaden, a dû naturellement appeler l'attention de la presse allemande et française sur ce prince, représentant d'un principe dont personne en Europe n'est en droit de contester l'importance. Nous avons jugé cet évènement avec notre impartialité accoutumée, et nous n'avons eu nulle peine à en constater la haute signification politique.

» Aujourd'hui que M. le comte de Chambord s'est éloigné, il nous sera permis d'ajouter que c'est à son autorité personnelle que doit être attribué le caractère sérieux et réservé de ce voyage, et, selon nous, cette remarque est un éloge suffisant dans les temps d'emportement politique où nous vivons.

» Évidemment, M. le comte de Chambord est appelé, quelle que soit sa destinée particulière, à exercer un grand empire sur les opinions et sur la marche de son parti, et, par conséquent, de tous les autres partis de France.

» Le jugement de ce Prince est d'une grande rectitude. Son esprit est calme, sa raison forte, son âme éprouvée aux revers ; c'est plus qu'il n'en faut pour faire un homme supérieur.

» Sa physionomie est lumineuse et pure ; son regard est beau ; on y démêle de l'autorité et de la bonté, de l'intelligence et de l'affection ; sa parole est forte et gracieuse, son sourire bienveillant : ce sont les dons qu'on aime dans ceux qui sont nés pour conduire les hommes.

» On dit l'instruction du Prince variée, sa conversation étincelante, sa pénétration vive et prompte, sa décision soudaine.

» On admire en lui un art particulier, celui d'écouter ; Français et étrangers sont à ce sujet unanimes. On l'aborde, disent-ils, avec inquiétude, on lui parle avec sécurité ; il va au-devant de la pensée, mais il lui permet de s'épancher à loisir ; le récit, le conseil, la plainte même, il écoute tout avec une patience toujours assez bienveillante pour ne jamais ressembler à un effort. C'est là plus qu'un art, c'est une qualité que la volonté et l'étude ne donnent pas ; qualité rare dans les hommes d'une condition élevée, et qui, dans un prince, est une vertu.

» On a dit quelquefois que le comte de Chambord manquait d'initiative. C'est une grande initiative que de marcher dans une voie forte et sage, et de forcer le monde au respect par la modération et la dignité. M. le comte de Chambord a évité de brusquer la fortune par des témérités. Il attend, parce qu'il croit à Dieu et au droit.

» Une chose au moins avouée de tous, c'est que le Prince, en éloignant de sa personne tous les signes extérieurs, qui, pour le vulgaire, indiquent la puissance, est imposant par sa simplicité ; il semble sentir qu'il traîne à sa suite mille ans de royauté et de gloire.

» Ainsi s'expliquent les honneurs que reçoit le Prince, non-seulement des légitimistes, mais de tous les hommes, et aussi par là s'exerce son autorité sur la politique, sans qu'il ait eu besoin jusqu'ici d'y intervenir par des actes manifestes.

» Le voyage de Wiesbaden aura d'ailleurs montré une grande chose : c'est qu'en un temps où toutes les notions morales semblent altérées, l'idée de l'autorité héréditaire garde son intégrité. Ajoutons que Dieu n'aura pas voulu en vain que cette idée soit personnifiée dans un prince aussi remarquable. La manifestation du caractère et de la valeur de M. le comte de Chambord peut désormais être considérée par l'Europe comme un grand présage. »

La *Réforme allemande*, journal ministériel de Berlin, a suivi, de son côté, le mouvement de l'opinion publique étrangère au sujet du voyage de Wiesbaden, et elle en reproduit l'expression. Seulement, elle omet un nom important : celui de M. le général vicomte de Saint-Priest. Ce nom est lié d'une manière indissoluble à celui de M. Berryer. Tous deux sont honorés de la même confiance. Ils ne peuvent être séparés, pris isolément; à deux ils ne font qu'un, et la *Réforme allemande* sera la première à reconnaître son erreur.

Voici l'article remarquable de la feuille prussienne :

« Berlin, 30 août 1850.

« Les légitimistes français ont profité de la prorogation de l'Assemblée nationale pour faire un pèlerinage à Wiesbaden auprès du comte de Chambord. Bien qu'il n'ait transpiré dans le public, sur les délibérations qui y ont eu lieu et sur leurs résultats, que des bruits vagues et en partie contradictoires, cependant l'attention générale qui s'est portée sur ce congrès fait voir que le monde politique y attache de l'importance dans les circonstances présentes, mais plus encore pour l'avenir.

» Il suffit de jeter un coup d'œil sur les circonstances qui ont accompagné le congrès, et de se rappeler une démonstration semblable sous le gouvernement de juillet, pour justifier la conclusion que l'assemblée de Wiesbaden prouve que la force et les espérances du parti légitimiste ont augmenté. Lorsque les partisans de la branche aînée des Bourbons se rendirent à Belgrave-Square pour présenter leurs hommages au dernier rejeton de cette ligne, ils n'osèrent pas avouer ouvertement le but politique de leur visite, et ils avaient alors si peu d'influence sur la Chambre des députés, que la majorité de cette dernière prononça contre eux une

condamnation à laquelle les expressions « flétrit les cou-
» pables manifestations » devaient imprimer un caractère infamant. Les choses ont bien changé aujourd'hui. Les représentants du peuple qui ont paru à Wiesbaden, non-seulement étaient fort nombreux, mais on remarquait encore parmi eux les membres les plus influents du parti. A côté des noms de MM. Berryer, Vatimesnil, Noailles, Saint-Priest, Larochejaquelein, Laborde, on a vu figurer aussi celui d'un vice-président de l'Assemblée nationale, M. Benoist-d'Azy. Bien plus, loin de dissimuler leurs tendances, les chefs se sont attachés à mettre dans tout son jour le caractère politique du congrès, en s'adjoignant de nombreuses députations des classes ouvrières, ainsi qu'en publiant des déclarations dans les feuilles publiques, et cela sans qu'ils eussent à redouter l'intervention des autorités, un vote de censure de l'Assemblée nationale, ou seulement la désapprobation de l'opinion publique. Il n'y a là rien qui doive étonner.

» La République française se trouve dans une situation si précaire, que personne n'oserait garantir à son principe une longue durée ; y a-t-il donc lieu d'être surpris que les habitants d'une maison à peine achevée et qui menace déjà ruine, songent, quand ils en voient les murailles lézardées et qu'ils en entendent craquer les poutres, à jeter à temps les fondements d'une habitation plus solide qui puisse offrir un asile durable à leurs descendants contre les orages de l'époque ? En outre, les sympathies de la France pour la Monarchie se sont prononcées dans les derniers temps d'une manière si palpable, que le rétablissement de la Monarchie serait la tâche qu'on chercherait à accomplir dans l'avenir le plus prochain, si l'on trouvait un moyen d'effectuer la transition sans déroger aux formes constitutionnelles ; et surtout sans porter atteinte à la paix. C'est là que gît la principale difficulté pour les partis monarchiques en France ; c'est là que gît la substance des questions qui ont dû être discutées dans les conférences secrètes de Wiesbaden. Là aussi se sont trouvées en présence l'une de l'autre les deux opinions dont nous avons eu souvent occasion de signaler les luttes et les chocs lors des dernières discussions de l'Assemblée nationale. Il y avait, d'une part, la fraction qui veut agir avec précipitation dans le sens de MM. de Larochejaquelein et Léo de Laborde, qui, quoique pleins d'enthousiasme et de dévouement pour le principe monarchique, jettent beaucoup plus souvent, par leur zèle irréfléchi, la confusion dans les rangs de leur parti, qu'ils ne préparent une défaite à leurs ennemis. Ils voudraient, dans leur impatience, cueillir les fruits avant qu'ils ne soient mûrs, et exposer, par une levée de boucliers ou par un appel au peuple dans les assemblées primaires, l'avenir de la France aux dangers d'une guerre civile ou aux hasards du suffrage universel. Ils n'hésitent pas à jeter à chaque occasion le gant aux orléanistes et aux bonapartistes, et ils oublient que ce n'est qu'en réunissant toutes ses forces que le parti de l'ordre peut tenir la révolution en échec et asseoir sur une base solide la société ébranlée.

» Ce sont précisément ces considérations qui déterminent la conduite de la fraction des légitimistes modérés, dont M. Berryer doit être considéré comme le chef. Il ne faut pas attribuer à un manque de courage et de zèle l'attitude prudente et circonspecte d'un homme qui, après la chute de la branche aînée des Bourbons, a prêté à la légitimité, dans toutes les occasions importantes, l'appui de son nom influent et de son puissant talent de tribune ; ce qui dicte sa conduite, c'est la ferme croyance, basée sur sa longue expérience parlementaire, que pour remporter la victoire, son parti ne doit pas uniquement compter sur la force numérique et sur l'enthousiasme pour la sainteté de sa cause, mais encore attendre des conjonctures favorables ; c'est, en outre, la conviction que toute division du parti conservateur en France compromet de la manière la plus grave les destinées d'une grande nation, sinon la paix et la civilisation de toute l'Eu rope. Cette fraction modérée pouvait moins encore s'associer à la tactique par laquelle l'extrême droite, reniant tous les principes conservateurs, forma une coalition monstrueuse avec les socialistes et paraissait disposée à sacrifier à sa défiance contre les tendances bonapartistes l'autorité gouvernementale péniblement consolidée et l'ordre à peine rétabli. Les légitimistes, plus circonspects, reconnurent fort bien qu'une pareille tactique, loin de servir leurs intérêts, ne ferait que compromettre les sympathies de la population pacifique et l'autorité de l'Assemblée nationale, et avancer par cela même les tendances impérialistes des zélés partisans de Louis-Napoléon. Aussi voulaient-ils, avant toute chose, une étroite alliance avec toutes les fractions du parti de l'ordre, pour dompter l'anarchie et frayer la voie à une autorité permanente. Ils attendaient de la force du « droit historique » et de l'attachement de la grande majorité de la population aux traditions monarchiques, le triomphe du principe de la légitimité, si l'on savait profiter du moment favorable.

» Il n'était pas difficile de prévoir vers quel côté inclinerait le comte de Chambord. Des rapports très dignes de foi confirment maintenant que la politique « au pas de charge » de M. de Larochejaquelein, n'a pu obtenir l'assentiment du chef de la branche aînée des Bourbons. C'est ce que prouve non-seulement le départ subit de Wiesbaden de M. de Larochejaquelein, mais encore une lettre qu'il a publiée dans les journaux, et où, sans s'avouer vaincu, il parle d'une nouvelle direction du parti légitimiste, à laquelle il veut se soumettre. Il est également hors de doute que M. le comte de Chambord a confié cette direction à un homme d'un caractère conciliant, et que la décision qu'a prise ce prince n'entraînera pas une scission du parti légitimiste ; car, bien que les différentes nuances de ce parti diffèrent d'opinions sur maintes questions, elles tiennent cependant, et c'est un mérite que ne leur contestent pas même leurs adversaires, avec une inviolable fidélité, à leurs principes, à leur attachement et à leur respect pour l'homme qui représente ce principe, l'homme-principe, comme l'a appelé M. Berryer. L'attitude que prendront désormais les légitimistes vis-à-vis de ceux qui ont été jusqu'à présent leurs alliés, dépendra principalement de la conduite des bonapartistes. La mort de Louis-Philippe exercera incontestablement une grande influence sur leur position vis-à-vis des orléanistes. »

L'*Europe monarchique*, journal de Bruxelles, dans son numéro du 4 septembre, pose la conclusion suivante :

« Pour le bonheur de la France, pour le repos et l'équilibre du monde européen, pour la prospérité publique, il faut qu'une solennelle et indissoluble union soit contractée sur le terrain du principe libérateur dont le comte de Chambord est le représentant par excellence. Pour faire prévaloir ce principe, nous mettrons à profit tous les moyens dont la liberté, l'égalité et la fraternité républicaines ne nous permettraient pas d'user sur la terre de France, mais que la *liberté monarchique* autorise et respecte à Bruxelles.

» Ces pensées sont celles de l'immense majorité du peuple belge. Elles s'accordent aussi avec la sagesse éclairée du roi Léopold. »

La même feuille, dans un article subséquent, après avoir constaté le mouvement qui s'opère dans la presse parisienne, ajoute :

« Le parti orléaniste n'existe plus. Personne ne peut vouloir pour la maison d'Orléans, ce que le roi Louis-Philippe ne voulait pas lui-même. Le vieux roi est mort à Claremont, emportant la conviction qu'il n'y avait plus qu'une solution désirable : celle qui appellerait au trône le jeune comte de Chambord, dont le jeune comte de Paris est l'héritier naturel et légitime, à défaut d'enfants mâles dans la branche aînée.

» Tout ce qu'on dit des prétentions du prince de Joinville ou des résistances de Mme la duchesse d'Orléans est sans valeur. Il faut en revenir au principe monarchique dégagé de tout précédent *d'usurpation*, ou bien rester en République.

» La saine logique le veut ainsi, et il est temps que les principes élémentaires des gouvernements sérieux reprennent en France leur empire. Assez de ruines se sont faites dans ce pauvre pays, pour avoir mis ce principe en oubli ; il est temps de les rappeler.

» C'est ce que Louis-Philippe répétait à son lit de mort. Les journaux et les hommes politiques qui voudraient se montrer plus *orléanistes* ou plus habiles que lui, auront grand'peine à dissimuler au pays que des rancunes particulières ou des ambitions personnelles ne font pas le fond de leur politique.

» Et leurs clameurs seront vaines aussi long-temps que les princes de la maison d'Orléans ne s'abandonneront pas à des illusions qui auraient les plus funestes conséquences. Qu'ils s'en remettent, pour cela, aux dernières recommandations du roi, leur père ; qu'ils respectent le vœu de Marie-Amélie, leur mère, qui pleure et prie aujourd'hui sur le tombeau de Veybridge, ou dans sa solitude de Claremont... femme et reine si éprouvée, qui avait déjà tant pleuré et prié, lorsque deux tombes se fermaient sur la jeune princesse

Marie et sur le duc d'Orléans, prince royal. »

Enfin, un journal de Paris, le *Courrier français*, dans son numéro du 5 septembre, n'est pas moins explicite dans ses convictions :

« Nous croyons, nous, dit-il, que la Monarchie traditionnelle, ayant M. le comte de Chambord pour personnification, pour alliés indispensables Louis-Napoléon Bonaparte et le comte de Paris, est la seule qui, assise sur des institutions populaires, soit capable de répondre aux vœux du pays et de résister aux évènements. Voilà notre conviction. Nous ne redoutons rien du libre choix de la France. Persuadés que nos malheurs l'ont suffisamment éclairée, nous ne craignons pas, à l'avance, de nous incliner devant son choix suprême.

» Mais à quoi bon cette explication de notre conscience ? Elle est inopportune et dangereuse aujourd'hui. Ce qu'il faut avant tout, c'est effacer, condamner, détruire constitutionnellement cette Constitution révolutionnaire sortie du cerveau de quelques improvisateurs aux abois.

» Sur ce terrain, bonapartistes, légitimistes, orléanistes ont un intérêt commun à se rencontrer. En votant sur la Monarchie ou sur la République, ce ne sont pas trois dés qu'on met dans un sac, mais deux dés seulement où sont inscrits, sur l'un : *Gouvernement stable*; sur l'autre : *Anarchie révolutionnaire.* »

Nous venons de reproduire ce que la presse étrangère a pensé de ce voyage si magnifique, si fécond en résultats heureux pour l'avenir; nous venons de dire quelle est la solution unique que des feuilles modérées de Paris et de Bruxelles, mais non royalistes de vieille date, envisagent pour la France. Voici maintenant un autre document, qui porte avec lui son cachet d'impartialité. Parmi les représentants venus à Wiesbaden, se trouvait M. Vésin. Le père de M. Vésin était attaché à l'opinion napoléonnienne; M. Vésin lui-même a servi avec honneur et loyauté la maison d'Orléans; mais, en voyant la situation actuelle, il a cherché à son tour une solution, et cette solution, sa raison lui a dit qu'elle n'était que dans M. le comte de Chambord. Il est parti prévenu, il est revenu converti, et il a fait connaître les motifs de sa conversion dans une lettre adressée par lui à notre ami M. Eugène de Barrau, rédacteur de l'*Echo de l'Aveyron* :

« Cette profession de foi, dit avec raison M. de Barrau, aura un grand retentissement.

» C'est le cri d'une conscience honnête, d'un cœur

droit et d'un esprit élevé, et jamais ce langage ne se fait entendre sans pénétrer les cœurs, parce que la conscience humaine est faite, en définitive, pour la vérité.

» Il y a dans la voix d'un homme qui, désabusé, proclame cette vérité au nom des intérêts sacrés du pays, et en refoulant ce qui engage le plus l'amour-propre, quelque chose de doux et de grand à la fois, qui remue profondément les âmes.

» Tous ces sentiments y naîtront en lisant la lettre de l'honorable M. Vésin »

Voici cette lettre, véritable document pour l'histoire, et qui doit éclairer les esprits les plus prévenus :

« Passy, villa Beauséjour, 9, banlieue de Paris, 27 août 1850.

» Au Rédacteur de l'*Echo de l'Aveyron*.

» J'ai voulu, mon cher et honorable ami, avant de vous adresser un résumé de mes impressions sur mon voyage de Wiesbaden, me recueillir et m'assurer qu'elles n'avaient pas été conçues légèrement par l'effet de la surprise et de l'entraînement. J'avais compris et mesuré la gravité de mon entreprise avant de m'y décider. J'ai cru devoir mettre la même mesure dans le récit que j'ai à vous en faire et que je dois à mes compatriotes; car c'est pour eux et non pas pour moi seul que je suis allé voir le représentant de l'ancienne royauté, comme vous le pensez bien.

» Les circonstances au milieu desquelles ce voyage a eu lieu l'expliquent naturellement. C'est entre les articles du *Moniteur du Soir* et les banquets de l'Elysée, c'est à la veille de l'apparition de l'*Ere des Césars*, que je suis parti. Lorsque tant de personnes se croyaient en droit de dire où elles allaient, sans songer beaucoup à la Constitution, je me suis cru non-seulement en droit, mais en devoir de chercher où il fallait aller si on sortait de la Constitution. J'ai agi en cela suivant l'esprit qui m'a toujours conduit depuis que je suis revêtu du caractère public que m'ont donné les élections de 1848 et de 1849. Mandataire de mes concitoyens dans un temps de trouble et de confusion, sans aucun engagement pris ni imposé autre que celui de chercher loyalement le bien de mon pays, je me suis constamment considéré comme faisant partie d'un détachement envoyé à la découverte par un navire en détresse. C'est sous cette impression unique que j'ai exploré scrupuleusement tout ce qui se passe devant mes yeux. Je n'ai pas cru pouvoir me contenter d'un lieu de relâche ; j'ai voulu trouver un port et une terre hospitalière.

» Eh bien! je le dis bien haut et je le signale de loin à mes compatriotes qui me connaissent et qui peuvent douter de mon jugement, mais non de ma sincérité.

cette terre, ce port, je les ai trouvés. Je puis leur dire en conscience : « Vous les avez connus dans le passé, mais vous ne les connaissez pas tels que je les ai vus. Le port a été agrandi, la rade est vaste et sûre. La terre ne porte plus ni citadelle ni donjons. Ceux qui disent le contraire trompent ou se trompent. Ceux qui parlent de *dîmes* sont de misérables menteurs. Au contraire, on y paie moins d'impôts, parce qu'on n'a pas besoin d'autant de soldats. On y a plus de liberté, parce que le pouvoir y est plus fort, et que, n'ayant pas besoin de songer à lui, il peut s'occuper davantage de tout le monde et se montrer moins ombrageux. L'égalité des droits y est reconnue franchement et sans détour. Enfin, les nouveau-venus y sont traités au moins aussi bien que les anciens amis, et le bon accueil est encore meilleur pour les petits que pour les grands.

» Voilà ce que j'ai vu et soigneusement étudié, et voilà pourquoi je dis à mes amis de toutes les nuances, que le jour où ils seront maîtres de se fixer quelque part, ils feront bien de tourner la voile du côté dont je parle ; car là seulement, à mon avis, ils trouveront ce qu'ils cherchent si péniblement et si infructueusement depuis soixante ans : une tranquillité honorable, *otium cum dignitate* : ce qui comprend tout, l'ordre et la liberté, l'honneur et l'honnêteté, toutes choses qu'un gouvernement fort et solide peut seul donner.

» Maintenant, pour quitter le langage figuré, je vous dirai que je n'étais pas sans inquiétude en allant voir le comte de Chambord. Les portraits que j'en connaissais ne me plaisaient pas, et encore je les supposais un peu flattés, comme d'habitude. De plus, l'opinion était assez accréditée, auprès de bien des gens, que ses conseillers intimes exerçaient auprès de lui une assiduité qui sentait un peu la tutelle. Dès le premier abord, j'ai été bien vite et bien heureusement rassuré, lorsque j'ai vu cette tête toute virile et toute royale, dont les traits semblent être empruntés aux meilleures figures de la maison de Bourbon. Leur régularité noble et l'expression de franche bonté qui y respire et y domine, y forme cet alliage si rare qui imprime simultanément le respect et ouvre le cœur.

» Aussi ai-je éprouvé involontairement ce sentiment qui fait qu'on redoute un examen trop attentif, de peur de quelque déception, comme pour ces impressions que l'on voudrait garder et que l'on craint de perdre. Mais cette dernière anxiété a bientôt disparu comme la première.

» Le Prince a fait le tour du salon comme un homme qui est maître de lui et maître chez lui, en adressant à chacun la parole avec une dignité affectueuse qui répondait parfaitement à l'expression de son visage, sans effort, sans étude, laissant après lui la satisfaction sur le front de tous : et quand mon tour est venu, je savais d'avance que l'accueil qui me serait fait, tout *politique* qu'il devait être, ne serait pas plus calculé ni moins irrésistible que celui d'Henry IV, se faisant des amis de ses adversaires dès qu'ils pouvaient le voir et l'entendre.

» Par tout ce qui s'est passé ce soir-là, comme par tout ce qui a suivi, puisque je viens de parler de Henry IV, j'ai compris que le petit-fils était fait, comme l'aïeul, pour fermer l'ère des luttes intestines, réconcilier l'artisan avec le gentilhomme, comme le protestant avec le catholique, et communiquer à tous *cette violente amour pour le pays qui rend tout aisé et facile*. Il y a, en effet, en lui, plus d'une ressemblance, indépendamment de celle du nom, avec le roi populaire par excellence. Otez au Béarnais ce qu'il tenait de son époque et de sa terre natale ; au lieu d'un conquérant par l'épée, faites-en un conquérant par la patience et l'abnégation ; en un mot, substituez à Arques et à Ivry Froshdorff et Wiesbaden, vous aurez de moins sans doute le triple talent si fort prisé de nos pères, vous aurez le Bourbon du dix-neuvième siècle au lieu du Bourbon du seizième; mais vous rencontrerez dans l'un et dans l'autre ce trait commun et également victorieux, la droiture du cœur, la chaleur communicative de l'âme, c'est-à-dire la plus puissante des séductions pour faire ouvrir les portes des villes, la plus forte des garanties pour un gouvernement honnête, et, par conséquent, durable dans la mémoire et la reconnaissance des peuples.

» Aussi ne suis-je pas étonné que les amis du comte de Chambord désirent si vivement qu'on le voie. Je le dis aujourd'hui comme eux. A ceux qui douteront, non pas de ma sincérité, mais de mon jugement, je me contente de répondre : Voyez et jugez par vous-mêmes. J'ajouterai seulement que celui qui leur parle n'est pas un intéressé, ni un noble, ni un fils des croisés.

» C'est un orléaniste, fils d'un bonapartiste, à qui sa conscience ne permet pas de dire qu'*il s'est converti à rien*, et qui, dès lors, se croit obligé de se faire connaître à ses commettants tel qu'il est, pour qu'ils le suivent s'il est dans le vrai, et pour qu'ils en fassent justice, quand le moment sera venu, s'il est dans le faux.

» Voilà, mon cher ami, ce que je crois un devoir pour moi de dire à mes compatriotes de toutes les nuances. Pour tout le reste, les journaux en ont suffisamment parlé. J'ai fait ce que j'ai pu, vous le savez, dans la faible mesure de mes forces, pour payer ma dette à la famille d'Orléans et à celle de Napoléon. L'intérêt du pays me le permettait. Je ne crois pas qu'il me permette d'aller plus loin désormais dans cette voie ; voilà pourquoi j'en signale une autre, et je dis :

» *Hùc vertite proram,*
» *O socii !...*

» Votre bien dévoué.

» VÉSIN. »

Cette lettre n'est pas la seule que M. Vésin ait publiée, et la *Gazette du Midi*, cet organe royaliste si dévoué, nous en a fait connaître une autre, qui lui a été communiquée par celui qui l'a reçue. Comme elle est le complément de la première, nous la reproduisons avec le plaisir qu'on aura à la lire :

« Passy, villa Beauséjour, 4 septembre 1850.

. . . .

» C'est avec une vive satisfaction, mon cher cousin, et un véritable plaisir, que je m'empresse de répondre aux questions que vous m'adressez sur mes impressions de voyage. J'en devais naturellement la première confidence à mes compatriotes de l'Aveyron, et je suppose qu'aujourd'hui même le journal l'*Echo*, qui s'imprime à Rhodez, contiendra la publication de la lettre que j'ai écrite à ce sujet, il y a huit jours, à son rédacteur en chef. Voilà pourquoi je me contenterai de vous exprimer mon jugement en quelques paroles, qui ne seront qu'un résumé, afin d'éviter les redites.

» J'ai trouvé M. le comte de Chambord bien au-dessus de ce que j'en avais présumé par les journaux et les ouï-dire, qui, cependant, sont ordinairement flatteurs

» L'expression qui frappe d'abord en lui est celle de la royauté sans faste et de la bonté sans fard; plus on le voit, plus on l'entend, plus on la retrouve. Une dignité simple, une franchise noble, c'est ce qu'on lit en même temps sur son visage, et ni l'une ni l'autre ne se démentent jamais, soit dans ses paroles, soit dans ses moindres mouvements. C'est par là que j'ai trouvé en lui la séduction des rois vraiment populaires; car le peuple n'aime pas seulement la bonté; il a aussi, au même degré, le sentiment de la grandeur, et il lui faut les deux signes réunis pour lui plaire. Certainement, Henry IV les retrouverait avec joie sur le front et dans l'âme de son petit-fils, et j'espère qu'un jour la France en jugera par elle-même. Pour moi, je vois en lui le véritable roi du dix-neuvième siècle, le roi de tout le monde, et plus particulièrement le roi du peuple, le roi fait pour désarmer même le Socialisme, comme son aïeul a désarmé la Ligue. C'est cette foi que j'ai rapportée de Wiesbaden, où je n'étais allé qu'avec le royalisme d'un rationaliste ; et cette foi, je la confesse, parce que je l'ai dans le cœur.

» Voilà, mon cher cousin, ce que je puis vous dire en homme qui ne se pardonnerait pas d'en dire plus qu'il n'en pense, et qui n'a aucune raison pour ne pas être véridique, parce qu'il n'en a aucune pour ne pas être impartial. *Si je suis légitimiste, c'est uniquement parce que je ne crois pas aux contrefaçons, et qu'il n'y a hors de là que des contrefaçons de République, d'Empire ou d'Orléanisme.* Tout cela a fait son temps ; revenons au vrai.

» Rien n'est beau que le vrai, le vrai seul est durable. »

, ... , , ...

———

A ce jugement, porté par un homme que M. le comte de Chambord a conquis et que nous sommes heureux et fiers de compter désormais dans nos rangs, nous allons ajouter celui que vient d'émettre de son côté un écrivain dont le talent est aussi incontestable que la loyauté.

M. Eugène Guinot, qui s'est brouillé avec le *Siècle*, dont il était un des plus remarquables rédacteurs, pour avoir fait jouer, sur le théâtre du Vaudeville, la *Restauration des Stuarts*, et que l'*Ordre* s'est empressé de recueillir, a publié, dans le numéro du 8 septembre de ce dernier journal, le récit de ses impressions à Wiesbaden, et voici le passage qu'il consacre à M. le comte de Chambord :

« Comme tant d'autres, dit-il, je suis allé à Wiesbaden, j'ai vu le Prince, et je ne saurais passer cette visite sous silence.

» Ce n'est pas ici le lieu où ce sujet puisse être traité avec tous ses développements. Il n'appartient pas au feuilletonniste d'empiéter sur le domaine de la politique ; mais si le feuilleton a ses limites, il a aussi ses franchises, et sans aborder les questions de principe, sans parler au nom du journal où il écrit, le voyageur peut, sous sa seule responsabilité, dire quelques mots de ses impressions personnelles et crayonner une légère esquisse.

» M. le comte de Chambord est de taille moyenne et d'une tournure élégante, quoique un peu fort. Il boite légèrement, et non sans grâce, à la manière de lord Byron.

» Il porte noblement sa tête, qui est d'une rare beauté. Ses traits sont d'une exquise délicatesse ; le teint admirable, blanc et rose ; la bouche petite, le nez droit et fin, les yeux expressifs et spirituels, le sourire plein de grâce : le double caractère d'une haute intelligence et d'une inépuisable bonté se peint dans ses regards et sur son front.

» Il est difficile d'avoir plus que lui la séduction de la personne et le charme des manières.

» La délicatesse de ses traits, la couleur de sa barbe et de ses cheveux blonds lui ont laissé l'air de la première jeunesse. C'est à peine si on lui donnerait vingt-deux ans : il en a trente.

» Le Prince parle avec facilité, avec à-propos, et le séjour des pays étrangers n'a nullement altéré son accent parisien.

» M. le comte de Chambord vivait très simplement à Wiesbaden. Les personnes qui composent sa petite cour, les fidèles et dévoués courtisans de son exil sont parfaitement choisis : — c'est M. le duc de Lévis, qui tient son rang avec un heureux mélange de modestie et de dignité; M. le comte de La Ferronnays, gentilhomme accompli; M. le duc de Fitz-James, dont la grande jeunesse excuse quelques mouvements de vivacité chevaleresque; — d'autres encore, qu'il serait trop long de mentionner.

» C'est faussement que l'on a prétendu que le Prince se faisait appeler « Sire » et « le Roi; » — on le nommait simplement : Monseigneur. »

» Pendant son séjour à Wiesbaden, tout s'est très bien et très convenablement passé, à la satisfaction des visiteurs, des habitants du pays et du grand-duc de Nassau. Les espions de la démocratie ont été réduits aux récits mensongers et aux inventions calomnieuses.

» On vous a dit que le prince habitait le second étage de l'hôtel Duringer, le principal hôtel de Wiesbaden, situé en face de l'embarcadère du chemin de fer.—Pourquoi le second et non le premier ? demandait-on. — Voici pourquoi.

» Lorsqu'on se présenta pour retenir un appartement, la saison était déjà avancée, tout était pris, et une partie du premier étage de l'hôtel Duringer était occupée par des Anglais.

» On pria ces Anglais de céder leur appartement et d'en changer ; il ne s'agissait pour eux que d'un très petit dérangement ; ils refusèrent.

» On leur nomma le comte de Chambord ; ils persistèrent dans leur refus.

» C'était leur droit ; — mais le droit n'était d'accord ici ni avec le bon goût ni avec les convenances.

» Hâtons-nous de dire seulement qu'il ne faut pas juger les Anglais sur ceux qui voyagent.

» Ce serait juger défavorablement une nation qui, chez elle, sait se conduire dignement.

» Lorsqu'on apprit au prince que les touristes d'Albion refusaient de céder le premier étage, il répondit en souriant :

» — Eh bien ! je logerai au second.

»Ce refus n'empêcha pas que les Anglais qui demandèrent l'honneur d'être reçus à ses soirées, ne fussent bien accueillis.

» Cela n'empêcha pas les Anglaises admises à ces soirées, de se précipiter sur les buffets, comme une nuée de sauterelles, et d'engloutir en un clin d'œil tout ce qui s'y trouvait de comestibles et de rafraîchissements.

» Ne jugez pas non plus les dames anglaises sur celles qui voyagent. »

Les ouvriers venus de Paris pour voir M. le comte de Chambord, ont publié, à leur retour, le récit de leur visite, et c'est un document trop précieux et trop touchant, pour que nous ne le joignions pas à ceux que nous avons déjà recueillis. Les classes populaires y verront où est leur véritable ami et leur seul moyen de salut. Nous laissons parler MM. Salat, Mathias Leguernic et C. Petit :

« On sait comment s'organisa notre voyage pour Wiesbaden. Nous entendions souvent parler de M. le comte de Chambord comme d'un prince digne des rois dont il descend et du principe qu'il représente ; mais nous avions un vif désir de le voir nous-mêmes : rien ne vaut, en pareille matière, le témoignage de ses propres oreilles et de ses propres yeux. On eut l'idée d'organiser un train de plaisir, — cette fois il était bien nommé, — pour Wiesbaden. M. Jeanne, dont on sait l'activité dévouée, s'y employa de tout cœur ; un grand nombre d'autres personnes s'y entremirent, et le départ fut fixé au 15 août au soir : c'est, on s'en souvient, le jour anniversaire du vœu de Louis XIII. Nous partîmes de Paris à onze heures du soir, par un temps affreux, qui ne nous a quittés qu'à Aix-la-Chapelle.

» Notre voyage fut rapide comme il l'est en chemin de fer, et aucun accident sérieux ne le troubla. Nous traversâmes de beaux pays, que la grosse pluie qui tombait avait inondés ; mais, en général, nous y fîmes peu d'attention, notre cœur et notre pensée étaient ailleurs. Tout le long du chemin, nous parlâmes franchement du but de notre voyage, et nous ne trouvâmes que des approbateurs et des amis. Ainsi, dans les wagons belges, à la sortie de Bruxelles, où nous étions arrivés le 16 août, à onze heures du matin, Léon Milhès, dessinateur, Charles Dormoy, étudiant, et Salat, employé, un des signataires de cette relation, ayant dit, devant plus de vingt personnes, qu'ils se rendaient à Wiesbaden pour voir M. le comte de Chambord, reçurent des félicitations de tous les voyageurs. Un d'entre eux nous dit même : « Dites à M. le comte de Chambord que les Belges seront très heureux de le voir passer dans leur pays pour retourner en France, à laquelle il peut seul rendre le bonheur. » Nous nous sommes fidèlement acquittés de la commission.

» Entre nous, nous parlions à chaque instant du bonheur que nous allions avoir, et nous vivions dans un parfait accord, comme il arrive lorsqu'on a les mêmes sentiments et les mêmes pensées. Dans toute la vérité du mot, on peut dire que nous étions frères.

» Le 17 août, à Coblentz, dans la salle à manger de l'hôtel où nous nous arrêtâmes, des musiciens vinrent nous jouer l'air de : *Vive Henry IV!* pendant notre dîner, et plus de cent étrangers, qui dînaient à une table voisine de la nôtre, nous firent proposer la santé de M. le comte de Chambord, offre qui fut acceptée de grand cœur. Nous trouvâmes cette double manière de nous souhaiter la bienvenue en Allemagne très aimable, et cela nous donna une bonne idée de l'esprit d'hospitalité des Allemands. Sur toute notre route, nous avons rencontré le même accueil. Ainsi, nous étant embarqués à Cologne, sur le bateau à vapeur le *Rubens*, nous fûmes l'objet des politesses de tous les passagers. Il n'y avait pas jusqu'aux mariniers qui ne vinssent trinquer avec nous, toujours à la même santé.

» Du pont des bateaux à vapeur qui descendaient le Rhin, on nous saluait en agitant des mouchoirs blancs; partout, enfin, on nous accueillait avec effusion, et il semblait qu'on nous remerciait d'être venus. Nous faisions cependant une chose bien simple et bien naturelle : nous suivions le penchant de nos cœurs, nous désirions savoir si l'on nous avait dit vrai sur le Prince objet de nos affections, nous voulions connaître qui nous aimions.

» Nous le connaissons aujourd'hui, Dieu merci ! Le 18 août, nous arrivâmes à Wiesbaden.

» Le Prince nous attendait, depuis le matin, avec une impatience qu'il ne cachait pas ; plusieurs fois il s'était levé pendant son déjeuner, nous a-t-on dit, pour voir si nous arrivions. L'hôtel Duringer, où il loge, est situé en face du chemin de fer, qu'il peut voir de ses croisées.

» Une heure après notre arrivée à Wiesbaden, nous étions chez M. le comte de Chambord. Nous n'étions plus bruyants, comme pendant notre voyage ; l'attente nous rendait silencieux ; chacun de nous sentait son cœur battre comme à la veille d'un grand évènement. On nous fit monter dans un salon au premier ; nous nous rangeâmes autour de cette vaste pièce. A peine avions-nous pris place que le Prince entra. Ce fut un beau moment. Quelle figure ! quels yeux ! mais surtout quelle bonté ! Il vint rapidement se placer au milieu de la salle. « Soyez les bienvenus, mes amis, nous dit-il, approchez bien près de moi. » Nous nous approchâmes, mais le respect nous tenait à quelque distance encore. « Plus près, s'écria-t-il, plus près; je veux me sentir serré par des Français. »

» Nous l'entourâmes cette fois de si près, que nous ne lui laissions que la place de son corps. Ses mains vigoureuses serraient nos mains; ses yeux, pleins de tendresse, étaient attachés sur nous; il nous remerciait d'être venus de si loin. Nous ne pouvions parler, les larmes nous suffoquaient. Le voilà donc le descendant de saint Louis et d'Henry IV, ce prince que les plus âgés d'entre nous se souvenaient d'avoir vu, dans leur enfance, emporté par une rapide voiture des Tuileries à Bagatelle; le voilà, l'enfant aux yeux bleus et à la tête blonde, déjà exilé avant que les plus jeunes de notre bande fussent nés. C'est un homme, aujourd'hui, plein de vigueur, de jeunesse, de beauté, qui parle de la France comme s'il ne l'avait jamais quittée, qui reçoit tous les Français comme des amis. Dès qu'il vous parle, on se sent le cœur remué; quand il tient votre main, on n'est plus à soi, on est à lui.

» Le soir, le Prince a voulu nous recevoir encore. Il s'est approché de chacun d'entre nous en particulier, et nous a adressé des questions bienveillantes et de bonnes et cordiales paroles, de ces paroles que l'on ne saurait oublier. Il est si doux de se sentir aimé par qui l'on aime !

» Le lendemain, M. le comte de Chambord nous a invités à aller au spectacle ; on jouait les *Huguenots*. Le Prince est venu au second acte ; il occupait une loge d'avant-scène, à la gauche des acteurs.

» Remarquant que plusieurs des nôtres ne pouvaient le voir et se levaient de leurs places pour le chercher des yeux, il s'est mis à droite. Ainsi placé, il voyait mal la scène, mais il était mieux vu par nous. Pendant la soirée, MM. de Lévis, Berryer, de Pastoret et plusieurs autres personnes qui étaient dans la loge du Prince, l'ont quittée pour venir s'asseoir parmi nous, à la seconde galerie où nous étions. Les acteurs, qui étaient excellents, ont été fort applaudis ; chaque fois qu'on les applaudissait, ils remerciaient le public par de profonds saluts, en commençant par le prince.

» Nous avons remarqué avec plaisir qu'au banquet du premier acte, des corbeilles de fleurs étaient surmontées de magnifiques lys artificiels ; c'était une politesse des acteurs. Toute la salle s'était levée à l'entrée de M. le comte de Chambord ; elle s'est encore levée à sa sortie.

» Le lendemain, à deux heures, nous avons dîné chez le Prince. Nous étions en belle et bonne compagnie. Ouvriers, bourgeois et grands seigneurs étaient assis à la même table : c'était bien la meilleure des républiques, car tout le monde s'y aimait, et tout le monde aimait le petit-fils de Henry IV. Vers le milieu du repas, M. le comte de Chambord est entré, il a fait le tour de la table, s'est arrêté au milieu, puis, demandant un verre, l'a fait remplir jusqu'au bord. Alors, d'une voix forte et vibrante : « Mes amis, à la France ! à notre chère patrie ! » Les têtes n'y étaient plus, nos cœurs débordaient; la France, Henri V, ces deux noms étaient mêlés et confondus.

» Tous les verres sont venus choquer le sien, et nous avons acclamé sa santé en la joignant à celle de la France. Nous avons voulu emporter nos verres qui avaient touché celui du comte de Chambord, en mémoire de cette santé portée sur la terre étrangère, et que nous espérons, Dieu aidant et la France le voulant, renouveler dans notre pays.

» La veille, un d'entre nous, Sicard, jeune ouvrier sellier de dix-huit ans, a dîné chez M. le comte de Chambord : il avait été désigné par le sort avec un autre de nos compagnons, Germain, jardinier à Saint-Mandé. Ils ont partagé cet honneur avec Mme Guérin, fidèle Bretonne que le Prince a fait placer à sa droite.

» C'est le lendemain que les signataires de cette lettre, Mathias Leguernic, sellier-brideur; Petit, cartonnier-papetier, et Salat, employé, tous trois délégués des ouvriers de Paris, eurent l'honneur d'être reçus en audience particulière par M. le comte de Chambord.

» Nous étions seuls avec le Prince ; la conversation roula surtout sur la situation de la classe ouvrière de Paris. M. Mathias dépeignit ses souffrances; M. le comte de Chambord, après avoir dit que le meilleur et le premier des secours à accorder aux classes ouvrières, ce serait un bon gouvernement, qui maintînt le pays dans une situation d'ordre et de confiance au dedans, de sécurité et d'influence au dehors, indiqua quelques institutions qui, agrandies, modifiées ou fondées de nouveau, pourraient efficacement aider les souffrances qui échapperaient à l'influence du bien-être général. Il insista avec un vif et touchant intérêt sur les mesures à prendre pour venir en aide à la classe des ouvrières, et particulièrement des jeunes filles, pour qui la misère est un piége en même temps qu'une souffrance. Il parla aussi des bagnes et des repris de justice, à qui la mauvaise renommée que leur laisse une première faute rend le travail si difficile, et il indiqua ce qui pourrait être fait pour qu'il y eût un passage de la sortie du bagne à la société.

» Avant que nous prissions congé de lui, il nous serra la main, et nous sentîmes l'étreinte vigoureuse d'une main qui ne se prête pas, mais qui se donne et qui sait garder ce qu'elle saisit. Il ajouta des paroles pleines de bienveillance pour nous, pleines d'affection pour ses amis de Paris, qu'il nous chargea de remercier. Son dernier mot fut celui-ci · « Union, dévouement à la France ! »

» Notre voyage était terminé. Nous avions vu ce que nous voulions voir ; nous connaissions le Prince, et le connaître, c'est l'estimer et l'aimer. Nous repartîmes pour la France, le jeudi, à cinq heures du matin. Debout devant sa croisée, M. le comte de Chambord nous fit un dernier signe d'adieu. Plus de chants, plus de cris de joie, comme à notre départ ; nous étions tristes et silencieux. Ce n'est qu'en rentrant en France que nous avons retrouvé un peu de notre gaîté, en pensant à ce que nous avions vu et entendu ; nous avions à le raconter.

» Salat, Mathias Leguernic, C. Petit. »

LES BOURBONS

De 1814 à 1830.

Avant de terminer cet ouvrage, il est bon, pour l'enseignement de la France, de rappeler quels ont été les bienfaits répandus par les Bourbons pendant leur présence de 1814 à 1830.

Ce n'est pas ici le lieu de discuter la politique large et nationale qu'ils ont suivie. Plus d'une fois leurs ennemis eux-mêmes leur ont rendu justice, et ce témoignage n'est pas suspect. La grandeur de ce travail serait à l'étroit dans les quelques pages qui nous restent, et nous ne voulons parler que des actes de bienfaisance qui furent accomplis. Cette page de l'histoire est assez belle, et ce n'est pas toujours aux souvenirs de serviteurs dévoués que nous emprunterons nos citations.

Nous commençons en nous appuyant sur M. le comte Duchâtel. Ministre des finances sous Louis-Philippe, M. Duchâtel, *dans le compte général des finances pour* 1836, distribué aux chambres, et dans lequel se trouve *le tableau des affaires financières de* 1814 *à* 1829, constate que de 1815 à 1820, les sommes abandonnées par Louis XVIII, Monsieur, comte d'Artois, Monseigneur, duc, et Madame, duchesse d'Angoulême, Monseigneur le duc et Madame la duchesse de Berry, sur leurs listes civiles, au profit des provinces qui avaient souffert des invasions de 1814 et de 1815 et de la cherté des grains en 1816, se sont élevées à soixante millions.

La dotation du roi et celle des princes figuraient au budget de l'État pour 34,000,000. En cinq ans, ils ont donc consacré au soulagement de la misère publique, près de deux années de cette dotation!

Vers la fin de 1822, une des grandes puissances de l'Europe, se fondant sur un article des traités de 1815, réclama une somme considérable due par l'État. La question n'était pas de savoir si l'on devait payer, mais de quelle manière on arriverait à payer. La dette était incontestable; mais le souvenir des charges qu'avait entraînées la double invasion pesait encore sur la France et sur le cœur du roi Louis XVIII. Aussi Sa Majesté, malgré les observations de son ministre, décida-t-elle que la somme répétée serait acquittée par sa liste civile. Il s'agissait de deux millions huit cent mille francs. Ils furent payés royalement, sans se faire valoir et sans éclat.

Louis XVIII, dans les derniers moments de sa vie, avait consacré à la délivrance d'un certain nombre de détenus pour dettes, une somme annuelle de 15,000 fr., en recommandant le silence le plus absolu sur ce bienfait, qui n'a été révélé qu'après sa mort. Charles X continua une si belle œuvre, et l'année de son sacre, il fit porter au double la somme qu'il accordait.

Le budget du roi Charles X pour 1829, vérifié par la Cour des comptes, accuse un chiffre de SEPT MILLIONS QUATRE CENT DIX-SEPT MILLE FRANCS, dépensés en pensions, secours et indemnités pendant cette année.

Charles X a régné pendant cinq ans et neuf mois. Il a donc donné pour cet objet, durant cet espace de temps, QUARANTE-DEUX MILLIONS, c'est-à-dire plus d'une année de son revenu.

La grande aumônerie distribuait, en outre, sur son service, 240,000 fr. de bienfaits par an à des laïques, ce qui fait encore *une somme* de près de QUATORZE CENT MILLE FRANCS pour la durée du règne du Roi.

Le revenu de Monsieur le Dauphin se composait d'*un million*. Sur cette somme, il distribuait en secours de 200 à 250,000 fr. par an, c'est-à-dire le quart de sa dotation, soit, de TROIS MILLIONS à TROIS MILLIONS SEPT CENT CINQUANTE MILLE FRANCS de 1815 à 1830.

Le général Decaen, qui commandait à Bordeaux, en 1815, à l'époque où MADAME, duchesse d'Angoulême, fut obligée de quitter cette ville, après avoir déployé le plus rare héroïsme, écrivit à Monsieur le Dauphin, le 22 janvier 1829, et lui exposa la position gênée dans laquelle il se trouvait. Le 26 janvier, le général recevait TROIS MILLE FRANCS, à lui envoyés par le prince. Nous avons tenu et lu la pétition et l'ordre d'expédier la somme, écrit de la main de Monsieur le Dauphin, en marge de la requête.

Le général Debelle, avait, en 1815, marché contre Monseigneur, duc d'Angoulême. Pris et jugé par un conseil de guerre, il dut au prince une atténuation de peine, puis postérieurement sa liberté et une pension que Son Altesse Royale lui fit sur sa cassette.

M. le comte de Marcellus, ce serviteur si dévoué et si loyal de la Restauration, qui revit aujourd'hui dans un fils digne de lui, écrivait en 1837 :

« Lors de la fatale inondation de la Garonne, qui, en 1828, au mois de juin, détruisit toutes les récoltes dans le vallon de ce beau fleuve, de Toulouse à Bordeaux, indépendamment des secours abondants que le gouvernement du Roi envoya à ces contrées malheureuses, j'osai prier Sa Majesté de me donner, pour les communes voisines de ma demeure, quelques bienfaits à dispenser en son nom. Je reçus du Roi et de la famille royale bien plus que je ne sollicitais ; et ces bienfaits, sagement distribués par le clergé et les autorités locales, allèrent sécher bien des larmes et réparer bien des malheurs.

» L'église d'une paroisse reculée ne pouvait sortir de ses ruines sans coûter un impôt onéreux aux habitants, presque tous pauvres cultivateurs. Sur ma demande, les frais de la reconstruction furent faits en grande partie par le gouvernement, la liste civile et la bourse du Roi, des princes et des princesses. Cette église est aujourd'hui une des plus jolies de la contrée ; et, par une circonstance bien touchante, les fonds provenant des subventions royales, déposés jusque-là dans les caisses publiques, n'ont été employés qu'après juillet 1830. L'exil des bienfaiteurs a, en quelque sorte, précédé le bienfait.

» Un incendie éclate près de La Réole et ruine plusieurs pauvres marchands ; sur-le-champ j'obtiens de la famille royale d'abondants secours qui réparent toute la perte.

» Les eaux emportent, dans une petite ville de mon voisinage, la maison d'une pauvre famille ; c'était toute sa fortune : cette maison servait d'auberge, et la famille vivait de son produit. Le Roi, sur ma demande, envoie un fort secours (une somme, je crois m'en souvenir, au moins de 1,200 fr.), et la maison est réparée ou plutôt reconstruite.

» Un père de famille estimable, employé dans les contributions indirectes, ne pouvait avancer faute de fournir son cautionnement. Charles X l'apprend et en fait les avances; il s'élevait à la somme de 3,000 fr. Bientôt après le Roi abandonne capital et intérêts, et le pauvre employé devient propriétaire de son cautionnement.

» L'hospice d'une petite ville de ce département manque de ressources suffisantes pour loger et soigner les pauvres malades. Le maire s'adresse au Roi, et bientôt un don considérable rétablit l'abondance dans l'hospice; les pauvres malades sont logés et soignés.

» Dans la même ville et dans un bourg voisin, deux maisons d'éducation gratuite pour les petites filles pauvres recevaient du Roi, tous les ans, des bienfaits abondants qui multipliaient et étendaient celui de l'instruction dans les classes du peuple.

» Tantôt le Roi apprend qu'un de ses serviteurs fidèles a éprouvé de grandes pertes, et que le don d'une forte somme peut relever sa fortune; il lui fait donner 60,000 fr. — Tantôt le digne fils d'un tel père, Monsieur le Dauphin, fait remettre 40,000 fr. à un homme respectable et malheureux, qui lui avait donné de grandes preuves de dévoûment. Une autre fois, il envoie

12,000 fr. à un père de famille gêné. Ces bienfaits, dont plusieurs n'étaient ni sollicités ni attendus, et qui, la plupart, n'étaient reçus que comme des prêts, sont devenus des dons. Le remboursement offert n'a jamais pu être accepté. »

» La dotation de Mme la Dauphine était de quinze cent mille francs. C'était son unique fortune, bien qu'on eût cherché à accréditer le bruit qu'elle avait en Allemagne des propriétés considérables provenant de l'héritage d'une de ses tantes, ce qui est absolument faux. Sur cette dotation, il était prélevé annuellement une somme de 250,000 à 300,000 fr., qui était répartie en secours dont le maximum ne dépassait pas 300 fr. Il n'était pas fait de fonds spécial pour ceux qui dépassaient ce chiffre; tous les fonds qui restaient après le prélèvement des dépenses de la maison de S. A. R. y restaient consacrés. Ces secours extraordinaires s'élevaient à des sommes énormes. Deux faits, entre tant d'autres, en donneront une idée :

» Un négociant, appartenant à une honnête famille, écrivit à S. A. R. pour lui faire connaître que s'il n'était promptement secouru, il allait faire faillite. Je reçus l'ordre de lui faire remettre une somme de 220,000 fr. qu'il lui fallait pour le sauver, et son nom ne fut souillé d'aucune tache.

» Un industriel, se trouvant dans le même cas, eut recours à la même source; il lui fallait 100,000 fr., qui lui furent remis aussitôt, et qui le préservèrent de la faillite.

» Combien d'officiers de tous grades, depuis celui de sous-lieutenant jusqu'à celui d'officier général, doivent la conservation de leur état à la munificence de cette auguste princesse! Combien d'établissements de charité qui n'ont pu se soutenir que par sa bienfaisance inépuisable! Que de familles devaient l'éducation de leurs enfants à S. A. R., qui, indépendamment des pensions qu'elle faisait payer dans des maisons particulières, avait fondé cent bourses pour autant d'enfants des deux sexes, et cette fondation absorbait annuellement une somme de 100,000 fr.

» Pendant tous les hivers, elle faisait délivrer gratuitement du bois aux indigents.

» Chaque mois elle faisait remettre au digne général Coutard, commandant de la première division militaire, une somme pour être distribuée aux militaires nécessiteux.

» Un trait qui peint mieux qu'aucun autre le cœur de cette auguste princesse, mérite d'être cité : l'anniversaire du 21 janvier, qui rappelait à S. A. R. de si cruels souvenirs, était pour elle une époque où elle voulait que les pauvres fussent plus particulièrement secourus; ce jour même sa charité prenait un nouveau développement. D'après ses ordres, plusieurs personnes de sa maison parcouraient les quartiers les plus pauvres de Paris, montaient dans les greniers et y répandaient, sur plusieurs centaines de familles, les secours de cet ange consolateur, dont le vœu de tous les instants est de secourir le malheur. »

(*Lettre de M. le baron Charlet, secrétaire des commandements de M*^{me} *la Dauphine, du 10 mai 1837.*)

Ainsi, pendant quinze ans, le chiffre des secours distribués par l'auguste fille de Louis XVI, s'est élevé de TROIS MILLIONS SEPT CENT CINQUANTE MILLE FRANCS, à QUATRE MILLIONS CINQ CENT MILLE FRANCS, non compris les secours extraordinaires, dont les faits révélés par M. le baron Charlet, si digne de la mission qu'il remplissait, accusent l'importance.

Depuis le mois de novembre, disait le *Journal des Débats*, le 24 janvier 1830, « le chantier des *Armes de France*, au boulevart des Invalides, n'a cessé de faire porter du bois aux familles indigentes, au point que les voitures ont manqué pour ce service, payé (port et bois) par Mme la Dauphine. Plus de mille familles ont été soulagées dans les mois de novembre et décembre, et à l'anniversaire de la naissance de cette princesse ; plus tard, dans le mois de janvier, à l'occasion d'un anniversaire plus douloureux, un nombre à peu près égal de pauvres ménages ont reçu des secours en argent et en bois ; et si l'on ajoute à ces aumônes celles que le respect dû à de nobles infortunes ordonne de tenir secrètes, et les pensions que S. A. R. fait pour l'éducation de jeunes personnes, et les dons envoyés dans les départements pour réparer les temples du Seigneur, on pourra se faire une idée de tout ce qu'il y a de bonté dans le cœur de nos princes. »

En 1820, un Italien nommé Brunner, qui, sous l'Empire, avait occupé une assez belle place aux Archives, auteur d'une traduction italienne distinguée, celle de la *Chaumière indienne,* se trouvant dans l'indigence, et forcé, dans un âge avancé, de donner des leçons de sa langue, désirait aller mourir dans son pays, *sa belle Italie*; mais l'argent lui manquait pour un si long voyage. Le 12 février, un placet fut remis à M. le comte de Nantouillet pour S. A. R. Mgr le duc de Berry; il était en faveur de Brunner. L'affreux assassinat de cet excellent prince arriva le 13 ; la France fut en deuil.

Quelques jours après, Brunner, les larmes aux yeux, s'écriait : « Les morts soulagent les vivants ; que Dieu veille à tout jamais sur l'auguste famille du duc de Berry. Je lui dois le bonheur de revoir ma patrie. Voilà l'argent sollicité pour moi le 12, et le 13 au matin il avait mis au bas du placet : « Accordé. » Ainsi le digne descendant de Henry IV, le père de M. le duc de Bordeaux, le jour même où le bras d'un assassin avait osé frapper son noble cœur, s'était occupé de rendre un vieillard à sa patrie ; et ce dernier jour fut marqué, comme ceux de toute sa vie, par un bienfait.

———

Après la mort de Mgr le duc de Berry, dont les aumônes étaient aussi considérables que celles des princes de sa famille, le revenu de Mme la duchesse de Berry fut fixé à 1,500,000 fr., comme celui de son auguste sœur. Sur cette somme elle distribuait annuellement, en secours à domicile, en secours envoyés aux préfets ou aux maires, en quêtes et aumônes diverses, plus de 120,000 fr. par an, en sorte que, depuis 1821 jusqu'en 1830, la somme de ses dons forme un total de 1,200,000 francs. Dans ce chiffre ne sont point comprises les dépenses pour l'établissement de l'hospice et de la chapelle de Rosny, qui montèrent à 500,000 fr., non plus que les sommes employées en achats de tableaux et souscriptions de tout genre, montant à la somme de 60,000 fr. par an; en pensions annuelles pour 45,000 francs; en secours distribués dans les voyages de Madame, à Dieppe, au Mont-d'Or, dans l'Ouest et dans les Pyrénées.

Outre le bien que Madame faisait en son propre nom, elle en faisait aussi au nom de ses enfants, qui avaient leur budget particulier, dont l'administration lui était confiée; et c'est ainsi que, dès leurs plus jeunes ans, elle leur inspirait la bienfaisance, cette vertu si éminemment royale et héréditaire dans leur famille.

Dès ses plus jeunes ans, M. le comte de Chambord a prouvé qu'il était, comme ses augustes parents, bon et charitable. Voici une anecdote qui remonte à 1833, et qui s'est passée à Prague, alors que ce prince n'avait encore que treize ans. Forcé d'opérer des réductions dans sa maison, par suite des exigences de l'exil et pour réparer le vide que de nombreux bienfaits avaient occasionné dans ses ressources, le Roi, parmi quelques suppressions, avait compris un serviteur attaché particulièrement au jeune prince, et, malgré les vives intercessions du royal enfant, la décision de Charles X demeura irrévocable.

M. le duc de Bordeaux consulta alors sa bourse, pour y chercher du moins une gratification. Nouveau désappointement ; sa bourse, épuisée par d'autres générosités, était à peu près à sec. Il fallut alors recourir au baron de Damas ; mais le digne gouverneur, qui avait pour mission de combattre cette *fatale* propension héréditaire à toujours donner, répondit par un refus formel. Dès lors le noble enfant prit son parti ; il eut l'air de n'y plus songer ; mais, dans la soirée, il se rapproche de son gouverneur, et après diverses instances, dont M. de Damas ne pouvait prévoir le motif, il lui arrache une signature jetée au hasard sur un chiffon de papier.

A l'instant même M. le duc de Bordeaux écrit au-dessus : « — J'autorise *mon petit seigneur* à toucher un mois d'avance de sa pension. » — Bientôt le bon est acquitté, et le produit passe aux mains du serviteur, objet d'un si ingénieux et si touchant intérêt.

Il serait difficile de peindre l'émotion du Roi lorsqu'il apprit cette charmante ruse d'un cœur généreux. Il voulut gronder le jeune prince ; mais ses yeux, mouillés de larmes, enlevaient quelque chose à l'autorité de ses paroles. Cependant il ne permit pas que le mois de pension fût une seconde fois payé, afin de ne rien ôter au mérite d'une générosité faite avec tant de grâce.

Ce n'est pas sans peine que l'on a obtenu, depuis 1830, la révélation de ces faits. A cet égard, la modestie des princes était aussi grande que leur munificence.

M. Sardin, attaché à la secrétairerie de Monseigneur, duc d'Angoulême, et chargé, de 1818 à 1830, des détails de la caisse et, en particulier, de l'expédition des *grands secours aux départements*, crut pouvoir, un jour (sur la demande du chef de bureau du départ de l'administration des postes), lui envoyer une liste, plus détaillée que de coutume, des diverses destinations données aux innombrables secours qu'il faisait si souvent passer pour transmettre, soit à des préfets, sous-préfets, etc., soit à de simples particuliers. Il ajouta donc à chaque article, après ces mots : *A M. le préfet de...*, ceux-ci : *pour les incendiés, inondés ou grêlés de tel village, la somme de...*

Le lendemain de cet envoi, la liste se trouva, tout au long, dans plusieurs journaux. M. LE DAUPHIN la vit; S. A. R. manda sur-le-champ son trésorier, et, ayant appris de cet excellent homme quel était le COUPABLE, elle lui fit ORDONNER de ne jamais, à l'avenir, faire connaître la destination de ces sortes d'envois d'argent. Le prince ajouta : « Je ne puis empêcher ceux qui re-
» çoivent cet argent de faire faire des insertions dans
» les journaux, bien que j'en sois contrarié ; mais je ne
» veux pas qu'on puisse croire que ces insertions ont été
» faites par mon ordre. »

En 1837, des renseignements sur les bienfaits accordés par Monseigneur, duc d'Angoulême, ayant été demandés au serviteur éprouvé qui en avait fait la distribution, celui-ci répondit par la lettre suivante :

« Monsieur, j'ai reçu la lettre que vous m'aviez fait l'honneur de m'adresser. Je regrette infiniment de ne pouvoir me rendre à vos désirs. Des ordres impératifs m'obligent à garder un silence absolu sur les bienfaits accordés par M. le Dauphin pendant tout le temps de la Restauration, et sur ceux que M. le comte de Marnes veut bien encore accorder à des Français malheureux.

» Croyez, Monsieur, à la sincérité de mes regrets, etc.

» GOUVERNA, *ancien trésorier de M. le Dauphin.* »

On comprendra, par ces deux faits, combien il a fallu de soins, de peines, de démarches et de sollicitations, pour retrouver la trace de tant de bienfaits, alors que le secret avait été si impérieusement prescrit. Il fallut une circonstance pour que quelques serviteurs, toujours fidèles, se décidassent à parler. Quand ils virent que l'on niait, à la fois, et cette immense charité si long-temps répandue sur la France comme un vaste réseau, et la modestie qui avait prescrit le silence sur ces actes si touchants, ils crurent qu'il était de leur devoir de faire connaître la vérité, et si tous avaient suivi cet exemple, ce ne sont pas des pages, ce sont des volumes immenses que l'on remplirait du récit de bienfaits qui resteront éternellement ignorés.

―――

Chantilly, cette demeure si sainte et si hospitalière de la maison de Condé, n'a pas perdu le souvenir de tout ce qui a été fait pour cette localité, et les pauvres et les paysans y disent : « Notre seigneur le prince de Condé était la bienfaisance même ; il n'était pas besoin d'aller l'implorer ; il n'attendait pas que le malheur vînt à lui ; il allait au-devant de la prière et du désespoir. A Choisy-au-Bac un incendie éclate ; de pauvres chaumières sont dévorées par cet épouvantable évènement ; le courrier du prince de Condé passe ; il porte à son maître cette affreuse nouvelle, et les infortunés sur lesquels tombait ce malheur étaient encore à pleurer le coup qui les frappait, que 2,000 francs, envoyés par S. A. R. sans demande aucune, ramenaient dans leur âme un bonheur inattendu. »

Nul pauvre ne souffrait dans les communes qui avoisinent Chantilly ; et, pendant la rude saison de l'hiver, les aumônes étaient portées au double et au triple de ce qu'elles étaient pendant l'été, où la moisson occupait l'intelligent ouvrier. Jamais le curé et les sœurs de charité n'ont été refusées dans leurs demandes pour ceux que devinait la bonté du prince. Chassait-il? il emportait des sommes dont lui seul connaissait la valeur, et, au retour, sa bourse était toujours vide, renfermant dans son âme, comme ses augustes parents de la branche aînée, le secret de ses bienfaits. En 1817, temps de douleur et de famine, chaque jour il mettait à la disposition des pauvres, pain, viande, vin et argent. L'hôpital de Chantilly avait été fondé par ses nobles aïeux ; sa touchante sollicitude y avait ajouté la pieuse fondation de vingt-quatre lits de plus, et porté le revenu à 70,000 francs en bien-fonds. En 1827 ou 1828, une filature de coton brûle à Coye ; le prince de Condé l'apprend, fait venir le propriétaire, l'admet à sa table, et lui donne 10,000 francs pour que ses ouvriers ne manquent pas de pain.

Ce qui a été fait de 1815 à 1830 s'est continué constamment depuis, et se continue encore. Pas un jour, pas un mois ne se sont écoulés sans que de nouveaux bienfaits ne vinssent révéler à la France le souvenir de ceux qui sont toujours présents par leurs vertus; mais ces charités immenses, connues seulement de ceux qui les distribuent et de ceux qui les reçoivent, restent enfouies dans le silence, au grand regret des amis de nos princes, qui voudraient que ces actes fussent révélés pour l'édification seule de la France, et non pour la gloire des bienfaiteurs qui veulent que la main gauche ignore ce que donne la main droite.

Du reste, les pauvres de Paris, les infortunés de toutes les classes, savent quels sont les distributeurs dévoués de ces aumônes royales, et les portes qui ne restent jamais fermées devant leurs souffrances et leur espoir.

Lorsque M. le comte de Chambord épousa, en 1846, l'archiduchesse Marie-Thérèse-Béatrix d'Est, de Modène, sa première pensée fut d'associer à son bonheur la classe indigente. Il ordonna à M. le marquis de Pastoret de consacrer 50,000 francs à établir, pour l'hiver, des ateliers de travail à Chambord, ce domaine qui lui est cher parce qu'il est un don de la France, et de distribuer 20,000 francs aux pauvres de Paris. Le 16 novembre, en quittant l'autel de Bruck, où avait été célébré le renouvellement du mariage, contracté par procuration, quelques jours auparavant, à Modène, la première pensée de Mme la comtesse de Chambord révéla à sa nouvelle patrie l'ardent amour qu'elle lui portait. Elle mit à la disposition de M. de Pastoret 10,000 fr. pour les pauvres de Paris.

QUATRE-VINGT MILLE FRANCS de secours, telles furent les sommes dépensées pour les *fêtes* de cet heureux mariage.

Il résulte d'un tableau annexé au rapport fait par M. le baron de Schonen, au nom de la commission chargée de l'examen du projet de loi sur la liste civile, séance du 27 décembre 1830, que les frais d'entretien, de conservation des domaines de la couronne, sous Charles X, ainsi que de la monnaie des médailles et des manufactures, excédaient les produits de la somme de 1,448,000 francs,

SAVOIR :

	Produits.	Dépenses.
Bâtiments.	80,000 fr.	2,600,000 fr.
Forêts.	3,000,000	1,200,000
Domaines.	170,000	150,000
Monnaie des médailles.	320,000	406,000
Manufactures de Sèvres.	30,000	326,000
— — des Gobelins.	» »	288,000
— — de Beauvais.	» »	78,000
	3,600,000 fr	5,048,000 fr.
Excédant de dépenses.		448,000 fr.

Ainsi, ces annexes de la liste civile de nos rois étaient une charge et non un bénéfice; mais, cette charge, ils la supportèrent et ne songèrent jamais à la décliner et à la faire payer par l'État.

Ce fut, pour quinze ans, une somme de près de VINGT-DEUX MILLIONS qui sortit encore ainsi des coffres de la liste civile.

———

Sous la Restauration, l'État allouait 1,300,000 fr. pour subventions aux théâtres royaux; mais cette somme étant insuffisante pour la splendeur et la prospérité de ces établissements, le Roi y ajoutait UN MILLION, pris sur sa liste civile.

QUINZE MILLIONS pour faire vivre ces établissements, qui sont d'un si grand secours pour le commerce et l'industrie, ont donc encore été alloués pour ce service, pendant le cours de la Restauration. Un jour on disait à Louis XVIII que les dépenses de l'Opéra étaient trop fortes et que ses recettes étaient trop minimes. Le Roi répondit en souriant : « Vous ne connaissez pas le chiffre de la recette.—Comment! Sire, répondit l'interlocuteur d'un air étonné; mais voici les états réguliers. — Ils sont incomplets; la recette de l'Opéra ne se fait pas à la porte, mais à la frontière. »

Le Roi avait raison. L'Opéra est un puissant attrait pour les étrangers.

Au moment de la révolution de juillet, la liste civile avait en débet une somme de près de 2 millions, distribuée en avances remboursables. Ces avances étaient une généreuse et nouvelle ruse pour déguiser un bienfait; c'était le résultat de demandes que le Roi avait accordées pour 1830 seulement, et encore n'était-ce pas pour tout 1830; car ces demandes étaient suivies d'autres semblables, qui trouvaient un appui dans le cœur du Roi; et parmi ces DEUX MILLIONS dus au trésor privé, figuraient un manufacturier pour CENT QUARANTE MILLE FRANCS, l'Odéon pour CENT HUIT MILLE CINQ CENTS FRANCS, l'Opéra pour CENT QUARANTE-UN MILLE CENT SOIXANTE-SEIZE FRANCS, et une compagnie d'éclairage par le gaz pour QUARANTE-QUATRE MILLE FRANCS.

Un ancien ministre de la Restauration, M. le comte Roy, fatigué d'entendre accuser, après 1830, la Royauté qu'il avait servie, de dilapidations dans le maniement des finances de l'État, crut de son devoir et de son honneur de réfuter d'une manière victorieuse cette étrange calomnie, et d'opposer la vérité au mensonge, si facilement adopté. Fort de son droit et de l'autorité de son nom, il plaça, le 18 janvier 1833, sous les yeux de la Chambre des Pairs, le tableau suivant des actes de la Restauration :

L'arriéré, depuis le 1er avril, présentait, après l'aliénation de 31 millions de rentes destinés à le couvrir, un excédant de 166 millions, qui fut payé sur les ressources des budgets.

Les dépenses extraordinaires résultant de l'invasion et de l'occupation étrangère, s'élevèrent à 1,400 millions, qui furent payés en numéraire, indépendamment des 24 millions de rente imposés par traités et conventions. Les ressources ne fournirent que 983 millions. Le reste, 421 millions, fut encore prélevé sur le produit des impôts.

Les rentes, y compris celles ajoutées pour l'arriéré antérieur à 1814, les frais d'occupation étrangère, la liquidation et le remplacement du revenu des biens ruraux des communes, dont Napoléon s'était violemment emparé en 1813, s'élevaient à 193 millions. La Restauration emprunta 35 millions, et, par le bienfait de l'amortissement, le total des rentes inscrites en 1830 n'était que de 163 millions. La Restauration avait donc éteint 65 millions, au capital de 1 milliard 300 millions.

La dette viagère était de 96 millions. La Restauration, sans froisser aucun intérêt, sans faire aucune injustice, la réduisit à 62 millions, économisant ainsi 34 millions à l'État.

La dette flottante antérieure à 1814 descendit, par une sage administration, de 106 millions à 73 millions : bénéfice pour l'État, 33 millions.

La dette flottante contractée par la Restauration, était de 86 millions, mais elle était représentée au Trésor par vingt-neuf annuités de 4 millions chacune, dues par l'Espagne, suivant traité du 30 décembre 1828, et le paiement, depuis le 1er janvier 1829, s'était fait par semestre avec la plus grande exactitude.

La créance était donc supérieure de 30 millions à la dette, et si l'état dans lequel l'Espagne s'est trouvée depuis ne lui a pas permis de s'acquitter, la faute n'en est pas à la Restauration, qui ne l'aurait pas lancée dans la carrière des révolutions. Ces 30 millions comblaient à peu près la moitié du déficit de l'arriéré antérieur à 1814.

De 1820 à 1830, le Trésor royal a encore donné 34 millions à la Légion-d'Honneur, pour couvrir le déficit causé par les dotations qu'elle avait perdues à l'étranger.

On avait dit qu'en 1830 les cadres de notre armée étaient dégarnis, et M. Roy prouva que le complet de paix, fixé à 240,000 hommes, était dépassé de 13,000 soldats

La Restauration laissa dans les magasins de quoi nourrir 180,000 hommes pendant six mois, et de quoi en habiller 60,000.

En prenant les armes dont nos soldats étaient armés, il existait, au 1ᵉʳ janvier 1830, plus de 1,200,000 armes à feu, et près de 400,000 armes blanches, sabres ou lances.

L'artillerie possédait 11,152 bouches à feu, dont 4,503 de campagne.

Notre matériel de guerre représentait une valeur de 187 millions.

La marine avait établi des équipages permanents, et laissait à la marine marchande un plus grand nombre d'inscrits ; elle avait une réserve de 190,000 stères de bois de construction, et un approvisionnement de mâtures pour plus de vingt années ; elle avait fait construire vingt cales nouvelles ; elle avait 5,000 caisses à eau ; elle avait refondu une grande partie de l'artillerie, augmenté les travaux hydrauliques de plusieurs millions, et creusé de nouveaux bassins à flot, soit à Brest, soit à Toulon.

Le nombre des bâtiments à flot et en construction sur les cales nouvelles, était de :

54 vaisseaux ;

74 frégates ;

19 corvettes de guerre ;

48 bricks ;

221 bâtiments d'un ordre inférieur.

La Restauration a mis à la mer, pour conquérir Alger et venger l'honneur de la France, 30,000 soldats, 120 voiles, 12 à 15,000 matelots, et elle a dépensé 49,017,433 francs 80 centimes; mais la conquête a rapporté au Trésor, en écus, 49,017,340 francs, plus un matériel dont les départements de la guerre et de la marine ont été dotés, et montant à 5,702,017 francs 41 centimes; total : CINQUANTE-QUATRE MILLIONS SEPT CENT DIX-NEUF MILLE TROIS CENT CINQUANTE-SEPT FRANCS QUARANTE-UN CENTIMES, c'est-à-dire que, la dépense payée en totalité, l'État a encore bénéficié de CINQ MILLIONS SIX CENT ONZE MILLE NEUF CENT VINGT-TROIS FRANCS SOIXANTE-UN CENTIMES.

L'histoire ne cite aucune expédition qui ait eu pour résultat un aussi grand honneur et un aussi grand profit.

La Restauration tomba devant le délire des passions, enveloppée dans les plis de cette mémorable victoire, et laissant pour toute vengeance, à ce pays qui la méconnaissait, une conquête qui, gouvernée par elle, eût été une nouvelle source de prospérité.

Enfin, M. Roy ajoutait qu'en 1829, l'état des recettes et des dépenses était réglé pour le maintien d'un excédant de recettes d'au moins 80 millions par an, sans accroissement d'impôts, et aussi long-temps qu'il pourrait paraître convenable au Roi et aux Chambres de le conserver en tout ou en partie.

Tel fut l'admirable mécanisme de la Restauration, gouvernement modèle, qui, loin de coûter à la France, lui rapporta par l'ordre, la sagesse et l'économie de son administration ; gouvernement respecté de l'Europe entière, qui parlait haut et nationalement à l'étranger, et dont les alliances étaient recherchées ; gouvernement que le temps a rendu plus grand encore, s'il est possible, qu'aux jours où il était puissant ; gouvernement qui donnait l'exemple des vertus, et réunissait toutes les conditions d'ordre et de splendeur inhérentes à la Monarchie.

Quant à l'histoire de nos finances de 1830 à 1848, elle a été faite avec l'autorité d'un beau nom, d'un noble caractère et d'une position élevée, par M. le marquis d'Audiffret.

Le bilan de la République est connu, et ses désastres ne sont pas de ceux qui s'oublient.

LISTE DES PÈLERINS DE LA FIDÉLITÉ.

MAISON DE M. LE COMTE DE CHAMBORD.

MM. Le duc de Lévis.
Le vicomte de Monti de Rézé.
De Barande

APPELÉS POUR LE VOYAGE.

MM. Le marquis de La Ferté.
Le comte Fernand de La Ferronnays.

MEMBRES DE L'ASSEMBLÉE LÉGISLATIVE.

MM.	MM.
Berryer.	Chapot.
Le vicomte de Saint-Priest.	De Surville.
Roux-Carbonnel.	Ernest de la Rochette.

MM.

Favreau.
Chauvin.
Le vicomte Ch. de Coislin.
De Fontaine.
Caillet du Tertre.
Le marquis de Larochejaquelein.
De Neuville.
Des Rotours de Chaulieu.
Vésin.
Colonel de l'Espinasse.
Le vicomte Benoît d'Azy.
Marquis de Barthélemy.
De Vatimesnil.
Le vicomte d'Ambray.
Dahirel.

MM.

Harscouet de Saint-Georges.
L'abbé Le Crom.
Thomé de Kéridec.
Duparc.
Le marq. de Vaujuas-Langan.
Pidoux.
Grelier du Fougeroux
Le comte Olivier de Sesmaisons.
De Berset.
Poujoulat.
Bouhier de l'Écluse.
De Rainneville.
Léo de Laborde.
Béchard.
Dufougerais.

M. le marquis de Pastoret.

II Août.

MM.

Le comte de Jouffroy.
Le prince de Cystria.
Le comte de Moussabré.
Le capitaine comte de Montgommery.
Julien de Larochejaquelein.
Du Liége d'Aunis.
Le vicomte Walsh.
Madame la vicomtesse Walsh.
Adrien de Lavau.
Charles de Lavau.
Le baron Cauchy.
La baronne Cauchy.
René Terrier de Lozay.
Docteur Robert Haas.
Gaston de Montmorency, prin-

MM.

ce de Robecque.
Thierry-Tollard.
De la Rochette.
Le comte de Lambertye.
Le baron Le Prince et son fils.
Godbout.
Le baron Dudon.
Crétineau-Joly.
De Clocheville.
Gatien de Clocheville.
Ch. Baudesson de Richebourg.
René Morel.
Maupon.
Gaudy.
Guiheneuf.
De Bonneuil.

MM.

Volte.
Lheureux.
Deshayes.
Géré.
Cléry.
Obry père.
Obry fils.
Obry neveu.
Fizilier.
Halftermeyer.
Laurentie.
Le comte de Berlou.
Le comte de Cerzé-Lusignan.
Ernest de Tarragon.
Henry Savary de Beauregard.
Barbaud (de Besançon).
Jules de Laborde.
Raoul de Loslanges.
Le baron de Bertrand de Beuvron.
Le vicomte de Perrochel.
Thillier (de Vendôme).
Le comte Paul d'Armaillé.
Chérel Duval (de la Loire-Inférieure).
Le comte de Durfort.
La comtesse de Durfort.
La comtesse de Chaponay.
Madame Binet de Quéhélec.
Mme la comtesse de Saint-Priest et sa fille.
Mme la c{sse} de Vauvineux.
Mademoiselle de Rune.
Mlle Maria Turquetille.
Misses Follet.
Mme la marquise de Lubersac.
Madame de Lespinasse.
M. le vte de Naylies, anc. off sup. des gardes-du-corps.
Madame la comtesse de Saint-

MM.

Eugène, veuve en premières noces de M. de Charette de la Colinière.
Le révérend Henry Elwes.
L'abbé Alexandre Bourbon.
Chauvin.
De Lestrade.
Vatimesnil fils.
Vicomte de Jumilhac.
Charles de Riancey.
Le prince de Chalais.
L'abbé Laurent.
Tancrède Guerry de Beauregard.
Félix Lemoine, fabricant de Nantes.
Le vicomte de Villebois.
Le marquis de Guiry.
Le marquis de Choiseul.
Le comte de Panisse.
Le comte Fernand de Brissac.
Le comte Jules de Noailles.
Le comte de Jobal.
D'Escuns.
Anatole de Puységur.
Jules de Buyer.
De Cuvillon.
Ad. Codine.
Léon Barthélemy.
Barbaud.
De Beaufils de la Rancheraye.
De Kraut, lieutenant-colonel au service de Prusse.
Le baron Eugène de Wangen.
De Boisdavid.
De Chanay.
Le comte de Prédelys.
Madame de Laurenceau.
Moisson fils.
De Galembert.

12 Août.

MM.

G. Lemonnier.
De Fricheville et son fils.
Le comte de Rizemond.
Le comte Duchâtel de la Howarderie, ancien offic. d'or-

MM.

donnance du prince Frédéric des Pays-Bas.
Henry Manoury et sa sœur.
Ratel.

13 Août.

MM.

Camille Leroux (de Roncoing).
L. Delcroix (de Roubaix).
Le marquis Du Luart.
Le docteur Patet de Courteille.
Le comte Numance de Girardin.
Le vicomte de Nugent.
Le baron du Perreux.
Le comte de Kersaint.
Le marquis de Pimodan.
Le comte d'Herculais.
Ed. Ruinart de Brimont.
Charles de Chambon.
Le marquis d'Espinay St-Luc.
Ernest de Roux.
Le comte de la Viefville.
Le comte de Sainte-Maure.

MM.

Madame Van-Praet et sa fille.
Madame la marquise de la Moussaye.
Lautz, membre de la seconde chambre de Prusse.
Le baron de Saint-Albin.
Le général comte de Venevelles
Is. Boiffils.
Le vicomte de Conny.
Le major Hawkins.
Le colonel Roth.
Madame de Béhague.
Le marquis D'Asch.
Le prince de Looz-Cormoren.
Emmanuel de Noailles.
Le comte de Nieuwerkerke.

14 Août.

MM.

Le baron de Hautecloque, ancien maire d'Arras.
Gus. de Hautecloque de Bumicourt.
Edm. de Hautecloque de Wail.
Arthur de Hautecloque de Wail.

MM.

Fougeroux de Campigneulles.
Thellier de Sars, ancien président du tribunal d'Arras.
Thellier de Poucheville.
Demonchy de Guillocourt.
Le comte de Broyes, sa fille et ses deux gendres.

MM.

Le comte Ph. du Luart.
Le marquis de Guercheville.
Ed. Platel.
Henry et Joseph de Vaujuas-Langan, fils du représent.
De Morcove père.
De Morcove fils.
Adilas Baille (de Montpellier).
D'Usedom, conseiller intime de régence de S. M. le roi de Prusse.
Cocault du Verger.
De Thieulloy.
Stanislas de Thieulloy.
Le comte de Coupigny.
Ch. Passerac de la Chapelle, avocat à Metz.
Le comte de Saint-Laurent.

MM.

Madame la comtesse de Saint-Laurent.
Le baron et madame la baronne de Falloux.
Le comte Charles de Quatrebarbes.
L. Reusens.
De Mosckove.
Souchon de la Loubière.
Le marquis de Dyon.
Le baron d'Arnouville.
L. Bonté.
Ch. Scrine.
Le comte de Lescalopier.
Madame Avrial Danhiez et sa fille.
Madame Ch. Méroz.
Le baron de Kettenburck.
Méroni.

15 Août.

MM.

De Chousy.
L'abbé Desprez.
Coesnon.
Le marquis de Pissy.
Le Lorimier.
Le baron de Haber.
Le vicomte de Curzay.
Le comte de Touchimbert.
Chartier de Fontaine.
R^d. Garcia.
Buchère.
Madame Buchère.
Le baron de Deurbrouc.
Smith.
Le vicomte de Hermainguy-Cillart.

MM.

Madame la comtesse de Nieuwerkerke.
Ed. de Chavagnac.
Roussel Caulliez (de Turcoing).
Madame Roussel-Caulliez.
Mademoiselle Roussel-Caulliez.
Docteur Constantin James.
Robillard de Magnanville.
L'abbé Lamène.
Le comte de Sombreuil.
Le vicomte de Rougé.
Aug. de Barthélemy.
Le marquis de la Boëssière.
Sauthwell.
Le comte d'Aramon.
Georges d'Aramon.

MM.
Nibelle.
Balliman, fabricant d'horlogerie, à Paris.
Le baron de Wismes.
Roudloff, avocat.
De Carrière.
Louis Philippe.
Louis Philippe fils.
De Saint-Salvi.
Le marquis D'Aillières.
Le comte D'Huteau.
Andras.
Berger.

MM.
Delbos (de Bordeaux.)
Alban de Pingré de Guimicourt.
Le comte Maxime de Gomer.
Le comte Eugène de Gomer.
Louis de Chassepot.
Alexandre de Vaubert de Genlis.
Le comte d'Erisneyl.
Le comte de Belisle.
Le duc de Noailles.
Madame la duch. de Noailles.

16 Août.

MM.
Mazeaux, notaire, à Dijon.
Madame de Bois-Savary.
De Maupassant.
De Ville.
Madame De Ville.
Armand Potteau d'Hancardrie.
Lalle, banquier. à Sainte-Menehould.
Charles de Raymond.
Adrien Doé de Maindreville.
Rogé Doé de Maindreville.
Le marquis de Terrier Santans (Léonce).
D'Antet.
Le marquis de Terrier-Loray.
Ernest Isabey.
Le marquis de Lubersac.

MM.
Le baron Jerphanion, son fils et son neveu.
Guirard, notaire, à Lunéville.
Maucomble-Traunin.
Le baron de Budelenbrock, lieutenant-colonel prussien, ancien aide-de-camp de S. A. R. le prince Adalbert de Prusse.
Le marquis de Regnon.
Le marquis de Cherisey.
Charles Micaéli, de Mayence.
Le comte de Kergorlay.
Madame la comtesse de Kergorlay.
Mademoiselle de Kergorlay.
Le baron de Wolbock (ancien inspecteur-général).

17 Août.

MM.
Henry de Guinaumont et ses enfants.

MM.
L'abbé Tailleur.
Robert Victor.

MM.

De Geslin.
Le baron Charles Saladin.
Charles Brédif-Reverdy.
Le vicomte Charles de Caqueray.
Madame la vicomtesse Charles de Caqueray.
Maucomble Trannin.
Max Sutaine.
Madame Max Sutaine.
Henry Goulet.
Dauphinot Midoc.
Paul Picard.

MM.

Le Bault de la Morinière.
Le comte de Bois-Renaud.
Ed. de Cressac.
Le comte de Puymaigre.
Ch. de Vellecour.
Le vicomte de Narcillac.
Carle de Narcillac.
Steveniers.
Lemaire.
M. Kilbec et Madame Kilbec.
Lecointre.
Le marquis de Nédonchel.
Le comte de Nédonchel.

18 Août.

MM.

De Lardemelle.
Ernest et Jules de Lardemelle.
De Verneville.
De Geslin.
Madame de Verneville.
De Vatrouville.
Mennessier.
De Raget.
Le baron de Tschody.
De Lamberty.
De Landreville.
De Lamberty-Jobal.
Louis Lallement.
Dupont.
Le comte de Valles.
Le baron de Vitrolles.
Le vicomte de La Noue.
Le baron de Homeyer.
Henri Wilhelm, avocat à Colmar.
Balth. Polidoro-Marocco, fabr. à Strasbourg.
La marquise Amelot de Chaillou.

MM.

Le marquis de Selve.
Madame la marquise de Selve.
Gerlié de Layens.
Hte Puech.
Dessalien, maître maçon à Alais.
D'Avrecourt.
Madame D'Avrecourt.
Perlé, de Francfort.
George Dumont (id.).
Le marquis de la Houssaye et son fils.
Le chevalier de Canolle.
Le comte de la Bretesche.
Roesch, ancien chef d'escadron de la gendarmerie royale.
Madame Lefebure, de Nancy.
Le baron Zorn de Bulach, ancien député du Bas-Rhin.
Le baron Frantz Zorn de Bulach.
Madame la baronne Frantz Zorn de Bulach.
Le prince d'Hénin

12

MM.

Auguste C. de la Gautraye.
Henri Cuvelier.
Cambron.
Bricout, ancien maire du Cateau.
Van-Elslande.
Ch. Motte, fils, de Turcoing.
Arthur de Gilès.
Octave de Rouvroy.
Albéric de Francqueville.
Philippe de Gilès.
De Villemessant, directeur de la *Chronique de Paris*.
Madame de Staplande.
Durr (d'Aix).
Le baron de Beauffort.
Le comte A. de Fontenilles.
Gédéon du Maisniel.
Le vicomte Arthur de Vannoise.
Le baron Léopold de Laborde.
Charles d'Argentré.
Alphonse de Langle.
René de Robien.
Le marquis de La Londe.
Samson.
Le comte B. de St-Pern.
Le comte Ch. de la Bretesche.
Le baron Em. d'Huart.
Le baron V. d'Huart.
Le baron P. d'Huart.
Le baron de Mandell.
Le comte de Saintignon.
Le baron de Schmit.
Théodore Audéoud et son fils (de Strasbourg).
Félix de Dartein.
Dunand.
Le baron de Schwiter.
Lochard.

MM.

Hyp. Mennessier.
Billart de Lorière
Amory.
Bernard.
Blanchet.
Couturier.
Célerrier.
Combal.
Mademoiselle de Canolle.
Caffin.
Desjardin.
Delaunay.
Falcinelly.
De Froment.
François.
Geslin.
Germond.
Georget.
Guibert.
Guérin.
Madame Guérin.
Gauthier.
Germain.
Humbert fils.
Herbel.
Jeanne.
Leroux de Lens.
Madame Adr. de la Houssaye.
De la Houssaye.
Lange.
Labry.
Laféteur.
Lefèvre.
De Maisonneuve.
Milhès.
Muraire.
De Malrieu.
Marochetti (Charles), neveu du statuaire.
Micolei.

MM.
Lanoue.
Nédélec.
D'Osmoy.
Poupin.
Pérolle.
Petit.
Peugnet.
Pringuet.
Roussel.
Rouvroy.
Rigaud.

MM.
Raynal-Chagrave.
De Richemond.
Séchée.
Sabaud.
Leguernic.
De Salat.
Scavarda.
Sicard.
Waton.
Poncin.

19 Août.

MM.
Le vicomte de Cardaillac.
Le comte de Loet-Serignan.
Ch. d'Astanières.
Bernand.

MM.
Cellarier.
Le vte de Sainte-Marie.
Latapie.

20 Août.

MM.
Boutry Van Isselsteyn (de Lille), et sa famille, Mesdemoiselles Marie et Pauline, MM. Henri et Paul.
A. de la Rousserie (de Rouen).
A. de Bligny (de Rouen).
Amédée Jauge.
Le comte Eugène de Villèle.
Mesdemoiselles de Villèle.
Le comte J. de Chassepot.
Gabriel de Piperey.
Lallemand, limonadier (de Colmar).
De La Saussaye et ses 2 fils.
Le vicomte de Bouville.
Le baron de Witte.
Henri Bretonneau.

MM.
Le baron de Vischer de Celles.
Le comte de Saint-Belin.
Isabelle Elie.
Jouet de Lanciduais.
Madame la comtesse de Liscoet.
Le vicomte Edouard de Wall.
Gay.
De Sonneville.
Louis Behaghel, ancien député.
De la Rousserie.
Achille de Bligny.
Ravez.
Boulard, ancien maire de Paris, ancien député.
Bodereau.
D'Artois de Bournonville.
Le ch. des Echerolles.

MM.
Henry des Echerolles.
B. de Goyon.
Jules de la Roussière.
Ch. Collinet.
Gergerès.
Le comte François Des Cars.
Le comte Charles de Bertier.
A. de Senevoy.
Mesdames Crosse de Bionville.
Paul de Bionville.
De Corny.
Du Plichon.
Le baron de Fernel.
Miss Lee.
Miss Valentine Lee.

MM.
Madame Blake.
Miss Jervis.
Dauver-de-Pont, avocat.
Joseph Leiendecker, peintre de Paris.
Le colonel d'Orthal.
Eberhard.
Lunteschutz, peintre, de Besançon.
Le baron de Brienen de Grootelindt, chambellan du roi des Pays-Bas.
Delpy, ancien officier supérieur.

21 Août.

MM.
Ram.
Madame Ram.
Joseph Régnier, avocat à Nancy.
A. de Beauffort.
G. du Mainiel.
Garnier.
Le baron de Baillet.
Le marquis de Robien.
De Gatoletti.
L'Écuyer de Villers.
Macaire de Rougemont.
Le marquis de Mirabeau.
Mathurin-Robert, cultivateur vendéen (Morbihan).
Guillaume-Marie Leméné,

MM.
cultivateur vendéen (Morbihan).
Sylvestre Robin. id.
Bazile Gilet. id.
Claude Leyondre. id.
Mathurin Guillemot. id.
Pierre-le-Blévenec, cult. vendéen.
Joseph Le-Barch. id.
Lemarie, notaire vendéen.
De la Brugière (ancien officier supérieur de la gendarmerie).
Madame de Bourcet.
Madame Lambert, de Metz.
Mademoiselle Lambert.
Jaffart, de Marseille.
Le marquis de Lur-Saluces.

22 Août.

MM.
De Saint-Pern.
Le comte de Grammont de

MM.
Villemontée.
De Saint Lary.

MM.

De Guichené.
Villaret de Joyeuse.
Le comte César de Bourmont.
Chevalier Odoard.
Augustin Dauvin.
Adolphe Godefroy.
Le comte de Reviers de Mauny.
Le baron de Reviers de Mauny.
Madame la baronne de Reviers de Mauny.
Victor de Bertier.
Le capitaine Jalhcam.
Le comte de Beaulaincourt.
Le marquis de Bassecour.
Le comte Léon de Béthune.
L'abbé Philippon.
L'abbé Morel.
Morel Delignière.
MM. De Rancé.
Noé Mesureur et son fils.
Lambert.
Mainvarins.
Madame Mainvarins.
L'abbé Hersent.
L'abbé Darras.
Frédéric Verdier, fils (d'Uzès.)
Vicomte Ludovic de Lezardière.
Adolphe d'Espaulart.
Garde.
Musgrave.
Du Mage.
Le comte de Poix.
Madame la comtesse de Poix.
Le vicomte de Poix.
L'abbé Lutz.
Eugène Yvert.
Edouard Rauduin.
Dournel.
Le comte de Marcellus.

MM.

M. et Madame Ellis.
M. et Madame Macdonald.
Mademoiselle Cotgrave.
H. Stafford.
Miss Stafford.
Madame Beving.
M. C. Walter.
Garde.
Musgrave.
H. Joire (de Lille).
Coustenoble.   (id.)
Le chev. de la Fontaine Solare.
Le vicomte Henri de la Fontaine Solare.
Paul de Hercé.
Constantin Joly.
Le baron de Langsdorff, conseiller intime de S. A. R. le grand-duc de Nassau, ancien ministre plénip. à Londres.
Delpech Junior, de Bordeaux.
C. Ballien d'Avrincourt.
De Gromard et son fils.
De Blangermont.
Le baron de Veslon.
Delannoy, frère.
Le Levreur.
G. de Solages.
Le capitaine Miller.
Le comte Bertrand de Saluces.
Le lieutenant colonel de Olberg commandant le 34e de ligne prussien, à Francfort.
Le b^{on} de Saint-Mars et son fils.
Alexandre Duhamel de Breuil.
Madame Alexandre Duhamel de Breuil.
Le comte Séguier de Saint-Brisson.

12*

MM.

Mme la comtesse Séguier de Saint-Brisson.
Le duc de Fimarcon Lusignac.
J. J. Mercier (de Bordeaux).
Mme D'Hamouville.
D'Hamouville fils.
William Woodroffe, ingénieur civil.
L'abbé Denis-Duvivier.
Poinsignon.
John Feilden.

MM.

Madame la comtesse Lesueur.
Mademoiselle Lesueur.
L'abbé du Mage.
Le colonel Skinner.
Le général Skinner.
Miss Skinner.
Th. de Gargan.
Ch. Boucher, notaire (Moselle).
Adam Fromholt (Id.).

23 Août.

MM.

Macquart (de Lille).
Le ch. de Beauffort.
Mme la cesse de la Grandville.
Le comte de Vibraye.
Eon.
Le prince Auguste de Broglie.
Le comte Timoléon d'Espinay Saint-Luc.
Le marquis de Vibraye et ses deux fils.
Le vicomte de Vibraye.
Lescut, de Cambrai.
Le marquis de Béthune.
Souchon de Loubière.
Léon Jacquard.
H. de Sandoz.
Ravenez.
Clerc.
Bruder.
Bitsch.
Geist.
Abbé de Nérines, aumônier du roi Charles VI.
Colonel Tugener, de Soleure.
L'abbé Philippon.

MM.

Le comte de Grammont-Villemontée.
Allix.
Le Marquis d'Aubigny.
Le capitaine Carnésie.
H. D'Aleyrac.
Alfd. de Longpérier.
De Beaufils de la Roncheraye.
Bayart, lieutenant-colonel en retraite.
Le comte de Beaumont.
Berthelot (de l'Orne).
Le comte de Bellevue.
Corbel.
Hyp. Préban-Berthelot.
Faure (de Lille).
De la Blandière, ancien maire d'Angers.
Le marquis d'Aubigny.
De Grandmaison, fils.
Le baron de Ségonzac.
Madame la baronne de Ségonzac.
Vuiton.
Stéphane Malandrin.

MM.
De Moracin.
Hatzenberger.

MM.
Madame Hatzenberger.
Pérignon, peintre.

24 et 25 Août.

MM.
Le vicomte L. de Bec-de-Lièvre.
Philippe de Bec-de-Lièvre.
Armand d'Izarn. (de Nantes).
Le baron de Lustrac (de Rennes.
L'abbé de Sucy d'Auteuil anc. garde-du-corps de *Monsieur.*
L'abbé Rozet, (de Besançon).
Guyon. (Id.)
H. Macdonald.
Mistress Macdonald.
Le somte Erard de Lavaulx.
Cavrois-Cousin (de Dunkerque.
Henri. Carion (de Cambrai).
Le comte de Bordesoulle.
Du Bois, ancien inspecteur des Douanes.
Le comte de Boispéan.
Madame la comtesse de Boispéan et son fils.
L'abbé Ribot, curé de Châteaubriant.
Le baron du Charmel.
Ferdinand de l'Epine.
Alphonse de l'Epine.
Hyp. d'Heudecourt.
Cornille d'Heudecourt.
Hamelin (de Francfort).
L'abbé Quétien.
Madame Quétien, sa mère.
Mademoiselle de Courbeines.
De Villefrancon
Fischer.

MM.
Le comte Edouard de Warren.
Alexandre de Monti de Rézé.
Gustave Sarrebourse d'Audeville.
De la Roussière.
Alfred de Monti de Rézé.
Mme Alfred de Monti de Rézé.
Mme de la Pervenchère, mère.
De la Pervenchère.
Madame de la Pervenchère.
Madame de Cartouzière.
Mlle D'Hemeric.
E. Guy Coquille.
Muller (manufact^r des Vosges)
Madame Muller.
Muller fils.
Delcourt Malfait.
Malfait (de Roubaix).
Riquez (de Lille).
Martin (de Douai).
Buisine-Rigot (de Lille).
Billiard. (Id.)
Cavrois, armateur de Dunkerque.
Poirier ⎫ ouvriers
Vannois ⎬ de
Vermesch ⎭ Dunkerque.
Faure (de Wazemmes, Nord).
Le Saffre (de Turcoing.)
Desiré Laurent (Id.).
Ernest Farnèse-Favarcq. négt. de Lille.
De la Chaussée fils (Id.).
Le baron de Montillet.

MM.

Mme la baronne de Montillet.
Charles de St-Just.
Gaston de St-Just.
Pageot.
De Lagrené.
Le comte de Bréda.
Maurice de Bréda.
Le comte Y. de Pleumartin.
Le duc de Valmy.
Madame la duchesse de Valmy.
Mademoiselle de Caux.
Henry de Caux.
Mademoiselle Henriette de Valmy.
E. Beaurain.
Gonot.
Mademoiselle Gonot.
Madame la comtesse de Busche, née de Carondelet.
L'abbé Lang (de Colmar).
Henry Chauffour.
Alph. Doyen.
De Lagrené du Chaussée.
Joseph de Riberolles.
Augustin de Riberolles.
Guillemot Ginéty.
Francisque Barghon.
Bâcon de Sains.
Comte de Lauriston.
Thévenot.
Le comte de Seraincourt.
Le capitaine de Bellemain.

MM.

L'abbé Poncet, chanoine d'Annecy.
L'abbé Pillet, chanoine de Chambéry.
Pillet, avocat de Chambéry.
Madame Doumerc.
Le baron de Boch Hermsdorf, grand-chambellan de S. A. le grand-duc de Nassau.
Le marquis de Fraguier.
Jules de Brisoult.
Pauquet.
Alfred Delagrange.
Madame Yemeniz.
Le comte et la comtesse de Castéja.
Le comte de Lazareff.
Mme de Baratinsky, princesse Abameleck, épouse du général gouverneur de Kazan, aide-de-camp de S. M. l'Empereur de toutes les Russies.
Le maréchal duc de Raguse.
Le comte de Salvandy, ancien ministre de l'Instruction publique.
Le prince de Bauffremont.
Baccarach.
Hamelin, avocat à Paris.
Le comte de Sauzay
Mademoiselle Le Caron (de la Normandie).

26 Août.

MM.

Le baron Léon d'Hervey St-Denys.

MM.

Charles de Givenchy (de St-Omer).

Léon de Givenchy.
Henry de Givenchy.
L'abbé Trévaux, chanoine de Paris, et son neveu.
Du Bois.
L'abbé Dauphin.
L'abbé Silvercreugs (de Malines).
L'abbé Smiers (de Malines).
L'abbé Dausi. (id.)
Murard de St-Romain.
L'abbé Genthon.
L'abbé Cedoz.
Le comte de La Grange.
Le comte de Murard de St-Romain.
Souck.
Arnold (de Lille).

Arnold fils.
Liagre (de Lille).
Roger. (id.)
Martin. (id.)
Leroy. (id.)
Em. de la Rochette.
Jules de Liron d'Airolle.
Adolphe Siriez de Longeville.
Charles Siriez de Longeville.
Joseph Pérard (de la Haute-Saône).
L'abbé Casse.
Le comte René de Chassepot.
Charles Landwerlin.
J. de Pétigny, correspondant de l'Institut.
De Pétigny fils.
Le comte d'Aubigny.

27 Août.

MM.

E. Jessé.
Madame de Can de Chatouville.
Madame Blanche de Can de Chatouville.
De Béfort-Strachan.
César de Pomairol.
César Moreau (de Marseille.)
Madame d'Aigueperse.
Madame la marquise de la Vauzelle.
Alfred de Chateigner (de la Vendée).
Augustin de Hillerin (de la Vendée).
Henri Rouget de la Fosse, frère du représentant.
Guillaume Hanser (de Colmar).
De Waulchier fils.
Marcus Berlé.

MM.

Le vicomte Ernest de Rotalier.
L. Maigret (de Vincennes).
Madame L. Maigret.
L'abbé de Guillebon.
Louis Watelet, ancien magistrat.
Théophile Olivaud.
Le comte Frédéric de Beaulaincourt.
Octave Le Ricque de Rocourt.
Gentil (d'Angers).
De Barbot (de Bordeaux).
Charles de Lyée.
Paris (de Reims).
Charbonneaux. (id.)
Pauffin. (id.)
Delestré (de Lille).
Le comte de Sayve.
Memminger.

MM.

Madame de Chardon (de Verdun).
Mademoiselle de Chardon.
L'abbé Lenoir (de Nevers).
Edmond Hugon, étudiant en droit.
Charles Rolland, id.
Louis Rolland.
L'abbé Vincent, curé de St-

MM.

Pierre aux-Liens, à Lyon.
Mademoiselle Vincent.
Le vicomte de Montauyon.
Charles de Joybert.
Le baron de Gellenoncourt.
Henri de Comeaux.
E. Bodin, ancien conseiller de préfecture à Niort.
Sabatier.

28 Août.

MM.

Florimond Martin Lascombes.
Le comte A. de la Valette.
Madame la comtesse A. de la Valette.
Hoguet, maître de ballets du roi de Prusse.
Le comte René de Vaulchier.
A. de Surian, ancien député.
Daguenet (de Paris).
Mademoiselle Lydie Berthele (de Colmar).
Parfait-Rouges.
Madame Parfait Rouges.
Atterbourg.
Chardin, propriétaire, à Paris.
Chardin fils.
Madame Langlumé de Courtil.
Dejean.
Le baron Creuzé de Lesser.
Madame la baronne Creuzé de Lesser.
Porret, homme de lettres.

MM.

Le vicomte Gustave d'Amoy.
Madame la vicomtesse d'Amoy.
L'abbé Godefroy.
Le vicomte Godefroy d'Auteroche.
Le comte Paul de Loyner d'Auteroche.
Duclau, avocat.
Madame Duclau.
Le docteur Boirek, rédacteur de la *Gazette universelle de Nassau*.
Humbert.
Le comte de Brigode Kemlandt (de Lille).
Le vicomte de Brigode Kemlandt.
Joubin.
Levino père.
Amédée Levino fils.
Lubis, réd. en ch. de l'*Union*.

29 Août.

MM.

Le Hardy du Marais (de Valenciennes).

MM.

Alfred de Beaugrenier, id.
De Bourcet.

MM.

Le comte de Sparre.
Le comte Adhémar d'Autichamp.
La comtesse d'Autichamp.
L'abbé Hèble.
L'abbé Frahier.
Robert Peel-Dawson, neveu du ministre.
Madame Robert Peel-Dawson.
De Mondénard.
Le marquis et madame la marquise de Fréval.
L'abbé Lavechin de Wallers.
W. Evert (de Venloo).
A. Poirier (de Nantes).
Thibaud. (id.)
Henry du Boiguehenneuc, id.
Léo Segond (de la Guadeloupe).
Le comte Roger de Rincourt.
Le vicomte du Breil de la Caunelaye.

MM.

Le marquis de Montesson.
J. J. Fournier de Bellevue.
H. du Bouays.
M. et madame Drake.
Du Terage.
Le vicomte Paul de Genouillac.
Le comte Léon de Fayet.
E. de Nogent (de Dijon).
Le comte d'Essertenne.
E. de Fontenay (d'Autun).
Veuve Julie Lahoussaye Rochet.
Le baron Guy de Bellaing.
Bertholon, curé de Saint-Marcel (de Lyon).
Gardette, directeur, id.
Le marquis de Rochegude,.
Liogier.
Mademoiselle Leroux du Châtelet.

30 Août.

MM.

Petitjean (de Reims).
M. et madame Lelaurain.
Le baron de Gallier de Saint-Sauveur.
Charles Landwerlin (de Mulhouse).
Prosper Dugas.
Madame Dugas.
A. de Maisnet.
Augustin Edouart.
Le baron de St-Paul.

MM.

Le comte d'Hervilly, ancien lieutenant-colonel.
Isaac Olivier, négociant.
C. de Chavaudon (de Dreux).
De Corbeheuc.
Du Plessis d'Argentré.
H. Dargues, propriétaire, à Calais.
Eug. Guinot, homme de lettres.
Louis de Carné.
Edmond de Carné.

ANCIENNE MAISON MILITAIRE DU ROI.

MM.

De Monti, ancien officier supérieur des gardes-du-corps.
Thévenot, ancien maréchal-des-logis des gardes-du-corps.
Le baron de Wacquant, ancien garde-du-corps du roi.

MM.

De Solérac, ancien garde-du-corps-du-roi.
De Laureau. (id.)
H. de Brunier. (id.)
Le baron de Fériet. (id.)
Delannoy. (id.)
Martel. (id.)
Théodore Anne. (id.)

M. Blazy, ancien chef d'équipages de la compagnie de Luxembourg.

GARDE ROYALE. — ANCIENS OFFICIERS.

MM.

Le colonel de L'Aubépin.
Duchastel.
De la Villatte.
Leroux du Châtelet.
Charles de Langalerie.
Le chevalier de Staplande.
Le comte de Lostanges.
Le marquis du Plessis-Bellière.

MM.

Le comte Ambroise de Carné.
Le marquis du Plessis-Bellière.
Sala.
De Carbonnières.
De Grand-Maison.
James.
Larreguy de Civrieux.

M. Cotton, ancien sous-officier des lanciers de la garde.

M. Caspard, ancien garde royal du 6ᵉ régiment (infanterie.

Moncœur, ancien enfant de troupe de la garde royale.)

FIN DE LA LISTE.

APPENDICE.

Depuis a publication de ce livre, le document suivant a paru dans une feuille alsacienne, le *Volksfreund*, de Guebwiller (Haut-Rhin), et nous nous empressons de le reproduire comme un complément nécessaire des jugements portés sur Monsieur le comte de Chambord, à propos du voyage de Wiesbaden.

UNE AUDIENCE A WIESBADEN.

« La communication que nous avons à faire à nos lecteurs est extraite de la relation d'un voyage fait par un de nos concitoyens, en compagnie de M. de Sandoz, à Wiesbaden, où ils ont été honorés d'une audience particulière de M. le comte de Chambord. Notre communication, qui a pour garantie un des noms les plus honorés de notre département, ne sera pas sans intérêt pour nos lecteurs. On a raconté à nos braves Alsaciens tant d'histoires fausses et haineuses sur le noble proscrit, qu'ils seront fort aises d'en apprendre de véritables.

» . . . Le lendemain, c'était le lundi 26 août, M. de Sandoz entra dans ma chambre.

» — Habillez-vous lestement, me dit-il, M. le comte de Chambord demande à nous voir.

» — L'excellent prince !

» — Oui, à l'instant, je reçois une lettre d'audience ; lisez-la : « MM. de Sandoz et *** sont prévenus que le » comte de Chambord les attend ce matin à huit heures » et demie. »

» — Vous avez demandé une audience? dis-je à mon compagnon.

» — Non, je ne me suis pas hasardé à le faire, quoique j'en eusse le désir. Vraiment, convenez qu'il n'existe personne de plus aimable et de plus gracieux que le prince.

» Je n'avais pas attendu jusque-là pour être de cet avis ; je ne pus qu'accéder complètement à la proposition de mon ami, et, promptement, je revêtis mon vêtement d'écrivain

» Arrivés dans l'hôtel Duringer, on nous introduisit dans un petit salon, où se trouvait une personne de haute stature, d'une figure distinguée, qui était occupée à lire.

» Elle se leva à notre approche :

» — Vous êtes probablement MM. de Sandoz et *** ?

» — Oui, Monsieur ; mais à qui avons-nous l'honneur de parler ?

» — Le marquis de La Ferté.

» Le prince nous reçut, debout, dans un petit salon :

» — Messieurs, nous dit-il en commençant, je désirais vous voir pour vous témoigner, à vous et à vos compagnons de voyage, toute ma reconnaissance pour vos sentiments de dévouement et de fidélité aux principes dont je suis le représentant, et qui vous ont fait entreprendre ce long voyage. Je suis profondément pénétré d'une pareille sympathie, et je suis heureux de compter en Alsace des amis comme vous.

» — Mon prince, répondis-je, je ne puis accepter pour moi vos éloges d'une bienveillance si particulière. Ma franchise habituelle m'oblige à déclarer à Votre Altesse que je suis un nouveau converti. Jusqu'à la révolution de Février, j'étais entièrement dévoué à la maison d'Orléans. Il m'a fallu, comme à Paul, un coup de tonnerre pour me convertir ; alors seulement, lorsque j'ai vu ma chère patrie menacée par la plus indigne des tyrannies, celle de la multitude, je me suis convaincu de la solidité du principe que vous représentez, mon prince. Je suis donc arrivé au principe de la légitimité par le raisonnement. Permettez-moi encore d'ajouter que j'y suis attaché de cœur et d'âme, à la suite de tout ce que j'ai vu à Wiesbaden.

» — Je le savais, repartit le prince ; mais, comme vous me citez l'exemple de saint Paul, il me sera permis de vous rappeler ces paroles de l'Evangile : « Les ouvriers de la onzième heure seront aussi bien accueillis que les premiers. »

» Après quelques autres paroles gracieuses, le prince nous demanda si nous étions en Alsace lors du passage du président. A notre réponse affirmative, il ajouta :

» — Est-il donc vrai qu'il a été si mal accueilli à Mulhouse ?

» — Malheureusement, il faut reconnaître, mon prince, qu'une partie des habitants a complètement oublié les devoirs de déférence dus au chef de l'Etat.

» — Vos paroles m'affligent beaucoup, Messieurs. Je vois avec douleur, dans notre belle patrie, cet oubli, ce mépris du respect dû à l'autorité. A Mulhouse, moins que dans aucune autre ville, le président de la République aurait dû s'attendre à une pareille réception. Par sa fermeté et par sa vigueur, il a su maintenir l'ordre et la paix, et, par là même, assurer de bonnes chances à l'industrie; il a, par conséquent, assuré aussi à la classe ouvrière son entretien. Le souvenir des premiers mois de 1848 aurait dû réveiller pour lui, dans le cœur des ouvriers, le sentiment d'une profonde reconnaissance.

» Du reste, je comprends facilement la conduite des Mulhousiens, de même que les élections socialistes par lesquelles l'Alsace s'est signalée plus particulièrement. Dans votre province, comme partout où la propriété est très divisée, où les contributions sont onéreuses et où l'usure sévit, il y a une grande misère. Le pauvre campagnard veut, à tout prix, se dégager de son insupportable position de gêne ; c'est pourquoi il se laisse séduire avec empressement par tous les principes trompeurs qui lui promettent, dans un court délai, la fin de ses misères. Il est triste que le campagnard se refuse à voir qu'il est le jouet de tous ces ambitieux novateurs, qui veulent en faire leur marche-pied pour monter aux honneurs qu'ils convoitent, et que l'ordre et la paix peuvent seuls ramener l'agriculture à un état florissant.

» Lorsque Louis XVIII remonta sur le trône, la France était épuisée ; le nouveau gouvernement avait à faire face à des charges considérables, et cependant la diminution de quatre-vingt-treize millions sur la contribution foncière fut la première mesure du roi. Louis XVIII et Charles X ont fait la guerre en Grèce, en Espagne, en Algérie, et cependant le budget ne s'élevait qu'à neuf cents millions. Aujourd'hui, l'on paie dix-sept cents millions, et, malgré ce pesant fardeau, le gouvernement ne peut maintenir la paix à l'intérieur et à l'extérieur qu'avec une main de fer. Un pareil état de choses est douloureux à voir, et je vous assure qu'il fait l'objet de toutes mes préoccupations, dans les heures de solitude et de loisir de mon exil.

» — Oh ! combien nous regrettons, mon prince, que nos concitoyens ignorent comme votre cœur sympathise avec la prospérité de notre patrie !

» —C'est là précisément une conséquence de mon exil. e sais qu'il existe en France de grands préjugés contre moi ; on craint, si jamais je monte sur le trône, que je ne réintroduise de vieux abus, que je n'établisse une aristocratie industrielle, composée exclusivement de classes privilégiées. Mais croit-on, si je me berçais de pareilles idées, que les hommes considérés dont j'ai l'honneur d'être entouré, me donneraient leur concours? Certainement, si le peuple français revient au principe que je représente, je priserai bien haut mon titre de roi chrétien, et je le considérerai comme le plus beau joyau de la couronne de mes pères. Mais faut-il nduire de là que je me laisserai mener en lisière par une coterie quelconque ? Non, non, mes amis ont dû vous le dire : la réconciliation est mon mot de ralliement ; et si jamais la Providence me ramène dans ma patrie, le jour de ma rentrée doit être celui d'une réconciliation générale, le premier jour de la liberté !

» A ces mots, prononcés avec chaleur, l'auguste visage du petit-fils de saint Louis rayonnait : ses yeux brillaient comme des étoiles, et, dans sa voix, il y avait une telle expression de vérité et de conviction, que je ne pus m'empêcher de répéter :

» — De la liberté, mon prince !

» — Oui, Monsieur, de la liberté, comme elle n'a jamais été comprise par aucun gouvernement et telle que je puis seul l'assurer : liberté dans les familles, union dans les communes liberté dans les communes, unité de l'administration.

» — Oh ! merci, merci, mon prince, pour vos belles

paroles. Nous appartenons à un pays où les libertés ont fleuri durant dix siècles. Nous en avons joui jusqu'en 1793, et le souvenir des libertés survit toujours dans le cœur des vieux Alsaciens. Permettez-nous, mon prince, de transmettre à nos concitoyens ces paroles pleines d'espérance; nous leur ferons grand plaisir.

» — Non-seulement vous en avez l'autorisation, mais je vous prie et je vous engage à le faire. Dites à tous ceux qui vous parlent de moi, que la prospérité de la France est l'unique objet de mes vœux et de mes pensées. Rien ne me coûtera pour y contribuer; mon exil même me sera cher, s'il doit être le gage de la paix pour mes concitoyens. N'est-ce pas, Messieurs, que vous communiquerez exactement à vos amis ces vœux d'un Français, d'un vrai Français ?

» — J'en prends l'engagement formel, m'écriai-je, et qu'il en rejaillisse une honte éternelle sur mon nom, si ma promesse n'est pas exécutée fidèlement.

» — Très bien, Monsieur, reprit le prince en nous tendant la main : j'y compte.

» Le même entraînement nous fit tomber aux pieds du prince, M. Sandoz et moi, et nous voulions baiser une main si dévouée et si bienveillante.

» — Embrassez-moi, me dit le prince en ouvrant ses bras.

» Je ne me le fis pas répéter.

» — Mais vous, mon vieil ami, dit le prince à M. Sandoz, je ne reconnais et je n'embrasse pas seulement en vous le serviteur fidèle, mais le modèle de la vieille loyauté alsacienne ; en vous, je presse sur mon cœur l'Alsace entière.

» De nos yeux s'échappaient des larmes que la joie rendait ardentes.

» — Adieu, mon prince, dîmes-nous encore en lui étreignant les mains pour la dernière fois.

» — Non, mes amis, pas d'adieu, mais au revoir, il faut l'espérer. »

Après les récits faits par des Français à leur retour de Wiesbaden, on aimera à connaître l'impression que ce voyage a laissée également dans l'esprit d'un étranger parfaitement désintéressé et l'appréciation qui en est résultée. Nous extrayons donc avec plaisir les passages suivants d'une lettre écrite à un journal important de La Haye, le *Tidj*, par un des catholiques les plus éminents de la Hollande :

« Plusieurs étrangers sollicitèrent l'honneur d'être admis à faire leur cour à Mgr le comte de Chambord, et tous furent accueillis avec beaucoup de bienveillance. Je fus du nombre.

» Je me présentai donc d'abord à la réception du matin. Ce jour-là, j'étais le seul étranger. M. de la Ferronnays, avec une politesse exquise, me dit que Monseigneur désirait m'entretenir en particulier, et qu'il me ferait connaître le moment de l'entretien. Les salons contenaient au moins deux cents personnes de la société, le négociant, l'industriel, l'ouvrier, côte à côte, et causant avec les hommes les plus illustres de la France, par le nom, par l'intelligence, par la fortune. Tous attendaient avec une douce joie l'apparition du fils de tant de rois. Moi, étranger au milieu de tous ces nobles cœurs, n'ayant pas les mêmes sentiments patriotiques pour un prince qui n'est pas de la même dynastie qui gouverne mon pays, j'étais aussi profondément ému.

» Ne voyais-je pas le témoignage vivant d'une fidélité pure et désintéressée ? Voilà donc des hommes qui, depuis vingt ans, sont restés les courtisans d'une infortune non méritée ! Et ils ont fait deux ou trois cents lieues pour jouir durant vingt-quatre heures de la vue du descendant d'Henry IV, et rapporter dans leurs familles, dans leurs ateliers, la bonne nouvelle qu'ils se sont approchés de lui, qu'ils ont senti à son aspect, qu'ils ont entendu de sa bouche l'expression de tout l'amour dont son cœur déborde pour la France.

» J'étais tout entier aux sensations que me faisait éprouver ce noble dévouement dans notre siècle d'égoïsme, quand une porte s'ouvrit, et je vis s'avancer Mgr le comte de Chambord. Au premier coup d'œil que je jetai sur sa belle physionomie, je reconnus tout d'abord le type, la coupe de la figure des Bourbons. Sa ressemblance avec Henry IV est remarquable. Une douce sérénité règne sur ce beau visage, toujours animé par la bienveillance et par la bonté.

» Jamais roi, lorsqu'il apparaît dans ses salons, n'a été entouré de plus de marques de respect et d'affection que M. le comte de Chambord n'en recevait alors. Il allait de l'un à l'autre, ayant quelque chose de gracieux et d'un parfait à-propos à dire à chacun, et cela avec une dignité simple et un tact délicat.

» .... Le lendemain, je reçus un billet qui fixait mon audience à onze heures trois quarts.

» Quand je me rendis à l'hôtel Duringer, les salons étaient déjà remplis de Français nouvellement arrivés. Le duc de Nassau était chez Monseigneur. Immédiatement après son départ, je fus présenté par M. le duc de Lévis, qui sortit aussitôt. Monseigneur, avec la plus noble simplicité, me fit asseoir à ses côtés, et là, j'eus l'honneur d'avoir avec ce prince un entretien que je n'oublierai de ma vie, et dont je conserve une vive reconnaissance.

» J'ai trouvé dans Mgr le comte de Chambord un esprit droit, réfléchi, plein de calme et de modération, une intelligence élevée, une connaissance profonde des hommes et des choses, une conception prompte, vive, et un cœur admirable. Le prince est catholique, bon catholique et sans ombre de fanatisme. Chez lui il ne perce point d'ambition personnelle. La France ! ce mot a un pouvoir magique sur lui ; il n'a d'autre ambition que pour elle. Il lui porte un amour ardent. Son honneur, sa prospérité, sa gloire, voilà le sujet constant de ses préoccupations. Heureuse France! si un jour vos destinées lui sont confiées !

» Depuis, je fus encore aux soirées de Mgr le comte de Chambord. Les salons étaient toujours remplis de trois ou quatre cents personnes, presque chaque fois renouvelées. J'y vis des paysans bretons avec leur costume, des ouvriers de presque toutes les parties de la France, tout le monde sur un pied d'égalité parfaite, tous n'ayant qu'un même sentiment où tout le reste se confondait : l'amour pour un prince qui, à leurs yeux, peut seul cicatriser les plaies de la France et ramener dans ce pays le calme, l'ordre et le bien-être. Et tous ces hommes sont pleins de confiance dans leur cause ; elle est pour eux la religion du devoir ; et de là cette dignité, cette modération qui régnaient dans ces nombreuses assemblées et qui faisaient l'admiration des étrangers.

» ... Je ne saurais vous dire toutes les paroles pleines de charme que j'ai entendues dire à Mgr le comte de Chambord ; j'ai aussi beaucoup causé avec des négociants, des industriels, des ouvriers ; quels beaux caractères ! Ah ! Monsieur, la France n'est pas si malade que je l'avais cru.

» UN NÉERLANDAIS, *ami de la vérité.* »

On se souvient qu'à la fin de 1848, un républicain de la veille, M. Charles Didier, poussé par la curiosité, accepta d'un de nos amis politiques, M. Freycinet, une ettre d'introduction pour Frohsdorff. Il voulait juger par lui-même Monsieur le comte de Chambord. Il n'allait point auprès du Prince en serviteur dévoué, il y allait au contraire en homme prévenu, mais avec des sentiments de loyauté auxquels nous devons rendre hommage A son retour, M. Charles Didier publia une brochure qui obtint un immense succès, et dans laquelle se reflétait toute l'honnêteté de l'âme de l'auteur. Voici le portrait qu'il traçait de Monsieur le comte et de Madame la comtesse de Chambord, et nous reproduisons ces passages, parce que les opinions de M. Charles Didier onnent une nouvelle autorité à ses paroles.

MONSIEUR LE COMTE DE CHAMBORD,

« Ce prince eût fait, j'en suis convaincu, un excellent monarque constitutionnel. La nature de son esprit, son caractère même, étaient appropriés à cette forme de gouvernement, et son éducation a été dirigée dans ce sens. L'esprit de parti le représente comme un absolutiste, et c'est comme tel qu'il apparaît à la foule du fond de son exil ; la vérité est qu'il n'y a peut-être pas dans toute l'Europe un constitutionnel plus sincère que lui. Bien plus, sauf quelques idées modernes qui ont déteint sur lui dans ces derniers temps et qu'il travaille à s'assimiler, c'est presque un libéral de a Restauration. Je me hâte d'ajouter que c'est un libéral religieux, sans pourtant que sa dévotion dégénère, comme on me l'avait dit, en bigotisme.

» Monsieur le duc de Bordeaux n'a pas les principes de Charles X. Je vais plus loin : il voudrait les avoir qu'il ne le pourrait pas. L'aïeul, pour ne citer qu'un exemple, tenait aux formes, à l'étiquette, ce culte de la personne royale, qui a joué toujours dans la maison de Bourbon un rôle considérable ; le petit-fils, lui, n'y tient guère, fait bon marché de ces pompeuses inanités, et va si loin à cet égard, que si jamais il remontait sur un trône, il n'aurait pas même de cour ; son parti est pris là-dessus.

» Sa vie est loin d'être oisive : il lit avant et après déjeuner beaucoup de lettres, beaucoup de journaux, des rapports souvent volumineux sur les diverses questions qui sont à l'ordre du jour en France ; puis il donne à la promenade quelques heures de l'après-midi. Il observe scrupuleusement ses devoirs religieux, entend la messe deux ou trois fois par semaine dans la chapelle du château et tous les dimanches à la paroisse. Il écrit avec beaucoup de grâce, et ses lettres sont remarquables par la justesse et l'élégance.

» Quant à sa personne, il est de taille moyenne et incline à l'embonpoint ; mais il est loin de l'obésité dont on le croit généralement et dont moi-même je le croyais affligé. La chute qu'il a faite à Kirchberg, il y a quelques années, a laissé des traces ; il se cassa, en tombant de cheval, le col du fémur ; un tel accident ne pardonne guères. Il lui est resté de la lourdeur dans la jambe et de l'embarras dans la marche. Une fois assis, il a quelque peine à se relever. On le dit fort bien à cheval; je n'ai pu en juger, ne l'ayant vu qu'à pied. Il a les cheveux blonds et fins. Quoiqu'un peu pleine et marquée du cachet bourbonnien, sa figure est très agréable, franche, ouverte, sympathique, avec un air de santé, de jeunesse, l'air en un mot de ses vingt-huit ans. Il porte un collier de barbe et une petite moustache. Son œil, d'un bleu limpide, et à la fois vif et doux, écoute bien, interroge beaucoup; il regarde si droit et si fixe, que je considère comme une chose impossible de lui mentir en face. Quant à lui, il suffit de le voir pour demeurer convaincu de sa véracité. »

MADAME LA COMTESSE DE CHAMBORD.

« La princesse est fille du feu duc de Modène, sœur, par conséquent, du duc régnant. Elle parle français avec un accent mixte, moitié italien, moitié allemand, qui accuse sa double origine de princesse allemande, née en Italie. Elle a, je crois, deux ans de plus que son mari. C'est une personne élancée, un peu maigre, mais d'une taille élégante. Elle a de beaux cheveux noirs ondés, des yeux noirs pleins de vie, d'intelligence. Mais un accident de naissance lui dépare la bouche lorsqu'elle parle, et c'est grand dommage, car, à ce léger défaut près, c'est une fort jolie femme (1).

» Elle portait une robe blanche habillée, les bras nus et une écharpe de velours sur les épaules. Je ferai à sa toilette le reproche assez rare d'être trop candide, et de ne pas sacrifier assez à la coquetterie. On devine au premier coup d'œil qu'une femme de chambre de Paris n'a point passé par là.

» C'est une nature distinguée ; on la dit bonne, instruite, d'un caractère facile, et l'on voit qu'elle tient à plaire. Quoique princesse de vieille souche, elle m'a paru timide, mais son embarras n'était pas sans grâce.

» Fière et reconnaissante de son alliance avec le descendant de Louis XIV, elle a de son mari l'opinion la plus haute, et son amour pour lui tient, m'a-t-on dit, de l'adoration. Elle le croit irrésistible, et plus impatiente que lui, mais impatiente pour lui plus encore que pour elle-même, elle est fermement convaincue qu'il n'aurait qu'à se montrer pour subjuguer tout le monde comme il l'a subjuguée. C'est là toute sa politique, c'est-à-dire que sa politique est dans son cœur. »

---

(1) Le portrait de M. Pérignon est parfaitement ressemblant. On en peut dire autant de celui de Monsieur le duc de Bordeaux, si ce n'est que l'original a une expression moins sérieuse que la copie

Nous terminerons la *troisième édition* de cet ouvrage par la publication d'un nouveau document, digne, par son importance, de fixer l'attention publique. Il est venu prouver à la France quels étaient les sentiments généreux de Monsieur le comte de Chambord. On se rappelle l'éloquent et admirable discours prononcé, le 16 janvier dernier, à la tribune de l'Assemblée législative, par M. Berryer. Parlant du voyage de Wiesbaden, l'illustre orateur s'était écrié :

« Vous parlez de voyages à Wiesbaden, de voyages à Claremont, de conspirations. Oui, pendant que des membres illustres de cette Assemblée allaient au lit de mort du vieux monarque qu'ils ont servi, pendant qu'ils allaient partager ou les anxiétés ou les douleurs de jeunes princes qu'ils ont aimés, et qui ont eu cet avantage que nos soldats les ont vus à Saint-Jean-d'Ulloa, à Mogador, à Constantine... (Acclamations sur plusieurs bancs.)

» Pendant qu'ils cédaient aux inspirations d'un souvenir reconnaissant, auquel je ne reproche pas à plusieurs de messieurs les ministres d'avoir obéi eux-mêmes... (Ah ! ah ! — On rit. — Très bien !) Moi, Messieurs, laissez-moi toute ma liberté et toute ma franchise, moi, Messieurs, pendant ce temps, j'allais avec un grand nombre de mes amis, voir un autre exilé qui est étranger à tous les évènements accomplis dans ce pays, qui n'a jamais démérité de la patrie, qui est exilé parce qu'il porte en lui le principe qui, pendant une longue suite de siècles, a réglé en France la transmission de la souveraineté publique, qui est exilé, parce que tout établissement d'un nouveau gouvernement est nécessairement contre lui une loi de proscription ; qui est exilé, enfin, parce qu'il ne peut pas poser le pied sur le sol de cette France, que les rois ses aïeux ont conquise, agrandie, constituée, sans être le premier des Français, le Roi ! (Vive approbation à droite.)

» Mais ne croyez pas que je veuille dire qu'en me rendant à Wiesbaden, j'ai seulement obéi à un sentiment d'attachement, de respect ou de sympathie, non ! non ! j'ai fait autre chose ; j'ai fait plus ; j'ai fait un acte politique, dont je veux rendre compte. (Marques d'attention.)

» Oui, je suis allé..... Ecoutez-moi jusqu'au bout ; la bonne foi a une très grande puissance dans notre pays. (C'est vrai !) Le respect de la bonne foi est une grande élévation du caractère national. (Très bien ! très bien !) Les réticences, les malentendus, Messieurs, font les défiances, les préventions, les haines ; c'est-à-dire, sont la source de tous les maux publics... Ecoutez-moi donc !

» Oui, je suis allé faire à Wiesbaden un acte politique. Oui, avec mes amis, j'ai porté à Wiesbaden cette politique à laquelle je vous ai dit que j'avais dévoué ces trois dernières années; que je n'abandonnérai pas tant qu' me restera un souffle de vie, cette politique d'union d tout ce qui est honnête, de tout ce qui est respectable dans mon pays, avec un entier oubli de tous les dissentiments, de toutes les luttes, de toutes les divisions, de toutes les oppositions passées. Oui! au nom de la société française, j'ai été y porter cette politique; mais ma tâche était faite, elle était accomplie, car j'ai trouvé dans le cœur du prince tous ces sentiments, toutes ces pensées, toutes ces convictions.

M. AUBRY (du Nord). Il n'y a pas de prince ici! Dites : M. de Chambord !

M. BERRYER. Il n'est plus sous vos lois, vous l'avez exilé, je l'appelle par son nom ! (A droite.—Très bien !)

M. BERRYER. Oui, il a dans le cœur, il a dans la tête cette détestation des complots, des conspirations, des guerres civiles. Ne parlez pas de trames secrètes : lui et ses amis ont besoin de respirer l'air libre, au grand air, à découvert. (Approbation à droite.) Ne parlez pas de conspiration; non, non, il n'y a pas de tentatives de restauration subreptice.

» Croyez-vous donc, Messieurs, que celui qui n'a connu que les douleurs des demeures royales, soit si impatient d'y rentrer au risque d'appeler sur le pays des malheurs et des désastres qui le feraient maudir? (Rumeurs à gauche!)

A droite.—Attendez le silence. (Très bien ! très bien !)

M. BERRYER. Et croyez-vous qu'il est un ami dévoué

qui puisse lui conseiller ce jeu terrible et coupable ? Non ! je le répète encore une fois, non ! Je l'atteste sur l'honneur que j'ai dans mes veines, non ! il n'y a rien eu autre chose à Wiesbaden que cette déclaration, que cette pensée manifestée, qu'il fallait unir dans l'oubli de toutes les révolutions, de toutes les discussions passées, les bons vouloirs et les intérêts honnêtes de ce pays ; qu'il fallait déraciner de tous les cœurs les ressentiments, les haines, les préventions que les malheurs passés y ont fait germer. Voilà le compte-rendu complet, vrai, de notre voyage à Wiesbaden ; tout autre compte-rendu est altéré ou complètement dénaturé. (Vive adhésion sur une grande partie des bancs de la droite. — Quelques applaudissements s'y font entendre. — Des rumeurs et des interpellations confuses éclatent sur les bancs supérieurs de la gauche.)

Plusieurs membres. — Et la circulaire ! et le ministère de Wiesbaden ! (Nouvelles interruptions à l'extrême gauche.)

M. LE PRÉSIDENT s'adressant à l'extrême gauche. N'interrompez pas ! Choisissez un orateur qui répondra ! (On rit.)

M. BERRYER. Je ne veux pas que, d'un coin de cette assemblée, que, d'une partie quelconque de cette assemblée, que, de la bouche d'hommes à côté desquels je siège, il sorte des interpellations puériles et ridicules. Je viens de vous en faire la révélation ; dans toutes nos conversations, dans toutes nos causeries, dans tout notre langage, il y a eu l'abandon de toutes prétentions, le sacrifice de tout intérêt de parti, pour ne songer qu'à l'union et à la fusion qui seule peut protéger la société française, et on vient nous présenter l'idée que des hommes qui, vivant de cette vie, que des hommes qui ont rejeté le pouvoir qui, dans des temps plus stables, leur a été offert, auraient accepté un pouvoir ridicule, nominal et vain! Ah! vraiment, vous n'honorez pas suffisamment, vous ne respectez pas suffisamment des hommes auxquels vous accordez cependant quelque peu d'intelligence et quelque peu de bon sens.

» Je ne répondrai pas à cette supposition d'un ministère créé, je ne répondrai pas à ce qu'on a dit de manifestes, de circulaires. J'en ai dit assez en faisant un compte-rendu vrai. Voulez-vous que j'y ajoute? Eh bien! je vous dirai tout. Si vous avez lu avec intelligence le document dont vous me parlez, vous devez être bien convaincus que ce n'est pas à moi qu'il faut en demander compte. Ce document, vous lui avez accordé, on a voulu lui attribuer une importance à laquelle il n'avait aucun droit; et, pour tout dire en un mot, si M. le comte de Chambord avait cru qu'il fût utile, qu'il fût temps de dire à la France ses sentiments, ses convictions, ses inspirations, il n'aurait emprunté ni le nom, ni la pensée, ni le langage de personne. (Vive approbation sur plusieurs bancs de la droite.) »

Aussitôt que ce discours fut connu de Monsieur le

comte de Chambord, le prince répondit à ces nobles paroles, par la lettre suivante, que toute la France a lue. Il n'y a pas à louer cette lettre ; il suffit de la lire, et elle restera comme un monument de la haute sagesse d'un prince, qui s'est toujours montré si digne de sa mission, et dont tous les actes comme toutes les paroles révèlent le cœur d'Henry IV.

Venise, le 23 janvier 1851.

« Mon cher Berryer, j'achève à peine de lire le *Mo-*
» *niteur* du 17 janvier, et je ne veux pas perdre un ins-
» tant pour vous témoigner toute ma satisfaction, toute
» ma reconnaissance pour l'admirable discours que vous
» avez prononcé dans la séance du 16. Vous le savez,
» quoique j'aie la douleur de voir quelquefois mes pen-
» sées et mes intentions dénaturées et méconnues, l'in-
» térêt de la France qui pour moi passe avant tout, me
» condamne souvent à l'inaction et au silence, tant je
» crains de troubler son repos, et d'ajouter aux difficul-
» tés et aux embarras de la situation actuelle ! Que je
» suis donc heureux que vous ayez si bien exprimé des
» sentiments qui sont les miens, et qui s'accordent par-
» faitement avec le langage, avec la conduite que j'ai
» tenus dans tous les temps ! Vous vous en êtes souve-

» nu ; c'est bien là cette politique de conciliation, d'u-
» nion, de fusion, qui est la mienne, et que vous avez
» si éloquemment exposée ; politique qui met en oubli
» toutes les divisions, toutes les récriminations, toutes
» les oppositions passées, et veut pour tout le monde un
» avenir où tout honnête homme se sente, comme vous
» l'avez si bien dit, en pleine possession de sa dignité
» personnelle.

» Dépositaire du principe fondamental de la monar-
» chie, je sais que cette monarchie ne répondrait pas à
» tous les besoins de la France, si elle n'était en har-
» monie avec son état social, ses mœurs, ses intérêts, et
» si la France n'en reconnaissait et n'en acceptait avec
» confiance la nécessité. Je respecte mon pays autant
» que je l'aime. J'honore sa civilisation et sa gloire con-
» temporaine autant que les traditions et les souvenirs
» de son histoire. Les maximes qu'il a fortement à cœur
» et que vous avez rappelées à la tribune, l'égalité de-
» vant la loi, la liberté de conscience, le libre accès
» pour tous les mérites à tous les emplois, à tous les
» honneurs, à tous les avantages sociaux ; tous ces
» grands principes d'une société éclairée et chrétienne
» me sont chers et sacrés comme à vous, comme à tous
» les Français. Donner à ces principes toutes les garanties
» qui leur sont nécessaires, par des institutions con-
» formes aux vœux de la nation, et fonder, d'accord
» avec elle, un gouvernement régulier et stable, en le
» plaçant sur la base de l'hérédité monarchique et sous

» la garde des libertés publiques à la fois fortement ré-
» glées et loyalement respectées, tel serait l'unique but
» de mon ambition. J'ose espérer qu'avec l'aide de tous
» les bons citoyens, de tous les membres de ma famille,
» je ne manquerais ni de courage ni de persévérance
» pour accomplir cette œuvre de restauration nationale,
» seul moyen de rendre à la France ces longues pers-
» pectives de l'avenir, sans lesquelles le présent, même
» tranquille, demeure inquiet et frappé de stérilité.

» Après tant de vicissitudes et d'essais infructueux, la
» France, éclairée par sa propre expérience, saura, j'en
» ai la ferme confiance, reconnaître elle-même où sont
» ses meilleures destinées. Le jour où elle sera convain-
» cue que le principe traditionnel et séculaire de l'héré-
» dité monarchique est la plus sûre garantie de la sta-
» bilité de son gouvernement, du développement de ses
» libertés, elle trouvera en moi un Français dévoué,
» empressé de rallier autour de lui toutes les capacités,
» tous les talents, toutes les gloires, tous les hommes
» qui par leurs services ont mérité la reconnaissance du
» pays.

» Je vous renouvelle encore, mon cher Berryer, tous
» mes remerciements, et vous demande de continuer,
» toutes les fois que l'occasion vous en sera offerte, à
» prendre la parole, comme vous venez de le faire avec
» tant de bonheur et d'à-propos. Faisons connaître de
» plus en plus à la France nos pensées, nos vœux, nos
» loyales intentions, et attendons avec confiance ce que

» Dieu lui inspirera pour le salut de notre commun
» avenir.

» Comptez toujours, mon cher Berryer, sur ma sin-
» cère affection.

» HENRY. »

Imprimerie H. Simon Dautreville et C⁹, rue Neuve-des-Bons Enfants, 8.

www.ingramcontent.com/pod-product-compliance
Lightning Source LLC
Chambersburg PA
CBHW070529170426
43200CB00011B/2366